Präsentieren mit iPad & Co.

Peter Flume

HAUFE.

Vorwort

Das iPad setzt sich immer mehr im Business durch. Anstelle eines Notebooks wird jetzt das iPad verwendet, um Mails komfortabler als am Blackberry oder Smartphone lesen und beantworten zu können. Und auch der Zugriff auf das Internet geht damit einfach und schnell. Ebenso können Sie mit dem schmalen Tablet nahezu alle Medien wiedergeben.

Was liegt also näher als der Gedanke, Präsentationen ebenfalls direkt vom iPad aus zu halten oder es für Kundengespräche statt der üblichen ausgedruckten Charts zu nutzen.

Mit dem iPad ist all das möglich. Mehr noch: Medien wie Fotos und Filme lassen sich mit einem Fingertipp zielgerichtet aufrufen und einspielen. Doch damit verändern sich auch die Anforderungen an die Präsentationsdramaturgie und die Fähigkeiten des Referenten.

Wie Sie die Möglichkeiten des iPad in Vorträgen und Gesprächen optimal ausnutzen, zeigt Ihnen dieser TaschenGuide: Ich werde Ihnen geeignete Präsentationsstrukturen vorstellen, die dazu jeweils passenden Apps empfehlen und viele Tipps zur Aufbereitung der Medien und zur notwendigen Technik geben.

Peter Flume

Warum am iPad präsentieren?

Immer mehr und mehr Redner werden mit dem iPad präsentieren, denn es bietet viele neue Möglichkeiten für Reden, Vorträge und Co.

In diesem Kapitel erfahren Sie,

- in welchen Situationen Sie das iPad am besten einsetzen können,
- welche Vorteile Ihre Zuhörer davon haben,
- warum Sie mit dem iPad maximale Effekte bei minimalem Zeitaufwand erzielen,
- welche Freiheiten Sie mit dem Tablet bei Präsentationen genießen.

Multimedial und interaktiv: neue Präsentationen

Das iPad zeigt seine Stärke besonders dann, wenn Mehrdimensionalität, Interaktivität und unterschiedliche Medienformate bei Präsentationen eine Rolle spielen sollen.

Beispiel

Bei einer Präsentation vor dem Management werden zunächst einmal die Folien gezeigt, die bereits vorab eingereicht wurden. Bereits nach kurzer Zeit unterbricht der Vorstand und wünscht, einen Teil zu vertiefen. Mit einem kurzen Fingertipp auf sein iPad ruft der Referent die passenden Folien auf und reagiert somit zielgerichtet auf die Zwischenfragen. Besonders aufmerksam werden seine Zuhörer, als er zur Erläuterung seiner Auswertungen die projizierte Tabelle mit den Fingern groß zoomt und somit die wesentlichen, nachgefragten Zahlen in den Mittelpunkt stellt.

Mit den richtigen Anwendungen – den sog. Apps, die zur Steuerung und Darstellung der unterschiedlichen Medien benötigt werden – haben Sie als Redner mehr Freiheiten, sich nach Bedarf durch Ihre Präsentationen zu bewegen, als Sie in PowerPoint oder Keynote auf dem Notebook je hatten.

Vorträge: kommunikativ statt konservativ

Wenn Sie das erste Mal mit dem iPad vor einer Gruppe stehen und präsentieren, werden Sie feststellen, dass es damit wesentlich leichter ist die Aufmerksamkeit der Gruppe zu halten als mit Notebook und Co. Dadurch, dass Sie jederzeit z.B. ein thematisch passendes Video oder Foto einblenden können, wenn Sie merken, dass die Aufmerksamkeit nachlässt, steigt die Attraktivität Ihrer Präsentationen.

Auch können Sie einfach alles, was Sie wollen, in eine Präsentation packen. Sie gehen damit sicher, zu jeder Frage aus dem Publikum eine mediengestützte Antwort zu haben. Dabei spielt das Medium, ob Folie, Unternehmensbroschüre, Foto, Film oder Ton, keine Rolle. Alles kann eingesetzt werden, um Ihre Argumentation zu stützen. Auch erlauben es Ihnen die Apps auf Ihrem iPad, das gewünschte Medium im Hintergrund aufzurufen, ohne dass Ihr Publikum sieht, welche anderen Medien Sie noch bereithalten. Im Vergleich zu PowerPoint ist dies so viel komfortabler, dass Sie sich bereits nach einer kurzen Gewöhnungsphase fragen werden, wie Sie vorher überhaupt präsentieren konnten.

Und schließlich ist es nun endlich auch möglich in Präsentationen das Publikum stärker interaktiv einzubinden, es Einfluss auf den weiteren Fortgang der Präsentation nehmen zu lassen und dadurch die Behaltensleistung deutlich zu steigern. Das Publikum erlebt, dass Sie keinen Standardvortrag halten, sondern sich voll auf seine Belange einlassen.

Beispiel

In meinen Seminaren zum Thema Verhandlungstraining komme ich im Regelfall auch auf die unterschiedlichen Typen von Verhandlungsteilnehmern zu sprechen. Auf einem Training in der Schweiz fragte ein Teilnehmer nun just nach der Mittagspause nach diesem Thema. Für mich ein ungeschickter Zeitpunkt, denn ich wollte die Theorie nicht unbedingt im Nachmittagstief platzieren und hatte deswegen eine Gruppenübung vorgesehen. Da ich jedoch mit dem iPad präsentierte, öffnete ich mit einem Fingertipp einen kurzen Comedy-YouTube-Film, den ich einmal zu diesem Thema produziert habe: http://www.youtube.com/watch?v=SUx1ywCdlz8.

Nach diesem Film waren die Teilnehmer so wach, dass ich die zugehörige Theorie kurz erläutern, damit die Frage beantworten und anschließend in die Übung gehen konnte.

Beratungsgespräche: iPad statt Aktenkoffer

Auch im Beratungsgespräch ist das iPad eine große Hilfe. Ich erinnere mich noch, wie früher in diesen Gesprächen mit Papier, Folienaufstellern und später dem Notebook gearbeitet wurde. Immer hatte der Berater einen Pilotenkoffer dabei und brauchte einiges an Platz, um sich auszubreiten. Mit dem Notebook ging dann häufig auch noch der direkte Kontakt zum Gesprächspartner verloren, da mit dem aufgeklappten Bildschirm eine Barriere zwischen den Beteiligten errichtet wurde.

Das iPad ist der moderne Aktenkoffer. Richtig organisiert haben Sie alle Medien, die zur Anwendung kommen könnten, griffbereit. Im Gespräch können Sie sich voll auf Ihr Gegenüber konzentrieren. Wenn erforderlich, unterstützen Sie Ihre Worte durch Bilder, Dokumente, Grafiken.

Besonders hilfreich in solchen Situationen ist es, dass jeder das iPad sofort selber bedienen kann. Sie können das iPad also, wenn Sie eine Broschüre zeigen, Ihrem Gesprächspartner jederzeit in die Hand geben. Er kann dann selbst durch das Dokument blättern. Ein Notebook hingegen geben die wenigsten aus der Hand.

Beispiel

Ein Kunde hatte mich um einen Termin gebeten, weil er ein Theaterprojekt im Unternehmen plante. Im Laufe des Gesprächs stellte sich heraus, dass das Theater keine für den Kunden sinnvolle Maßnahme war. Als Alternative zum Theater sprach ich die Möglichkeit von Hörspielen mit Unternehmensinhalten an und konnte ihm sofort und ohne Suchen ein Beispiel am iPad vorspielen. Da ihm dies gefiel, kam dann die Frage auf, ob es möglich wäre, so etwas auch zu verfilmen. Auch hier konnte ich bejahen und ein bereits realisiertes Beispiel am iPad zeigen.

So konnte ich direkt auf seine Bedürfnisse eingehen. Das Gespräch verlief anders als zunächst gedacht, führte aber trotzdem zu einem positiven Ergebnis. Ohne hör- und sichtbare Beispiele wäre dieser Abschluss sicher nicht möglich gewesen.

Moderieren und visualisieren

Ein weiteres Feld, in dem das iPad ein ideales Tool darstellt, ist der Bereich Moderation. Viele Moderatoren erlebten in der Vergangenheit PowerPoint-Präsentationen auf dem Notebook als viel zu statisch, um sie in dynamischen Situationen wirklich gewinnbringend einzusetzen. Daher wurden dann anstelle von Folien Flipchart-Blätter vorbereitet, die je nach Bedarf gezeigt und ergänzt werden konnten.

Das iPad ändert diese Arbeitsweise, da es Flexibilität im Zugriff auf die Medien schafft. Sie können frei entscheiden, bei welchen Medien Sie auf die Technik setzen wollen, weil die Wirkung dort stärker ist als auf Papier. Auf die Medien zugreifen können Sie mit nur einem Fingertipp. Dort, wo das Papier die bessere Wirkung erzielt, bleiben Sie beim Flipchart. Bei der konkreten Arbeit werden Sie jedoch nach und nach merken, dass es hier und da auch sinnvoll sein kann, beide Medien in der Moderation miteinander zu kombinieren. Hier schlägt wiederum die Stunde des iPad. Sie bereiten ein Bild vor und ergänzen es dann, indem Sie mit einem sog. kapazitiven Stift direkt auf dem iPad zeichnen. Schöner lässt sich ein Chart heute mit anderen Methoden gar nicht vor und vor allem mit dem Publikum entwickeln.

Beispiel

Um einen Prozess zu visualisieren, zeichnet ein Ingenieur einen schematischen Ablauf an das Flipchart. Während er zeichnet, verliert er den Kontakt mit dem Publikum, spürt das und wird in seiner Zeichnung immer unsauberer. Dies erschwert ihm hinterher die Erläuterungen, da sein Publikum immer wieder nachfragen muss, was die jeweilige Darstellung bedeuten soll.

In einer anderen Präsentationssituation agiert er mit dem iPad. An die Wand projiziert wird das grundlegende Schema. Dies hat er vorher in aller Ruhe als Grafik vorbereitet. Live ergänzt er am iPad mit einem kapazitiven Stift nun nur noch einzelne Pfeile, Linien und Beschriftungen. Dadurch kann er viel besser mit dem Publikum in Kontakt bleiben. Das fertige Bild mailt er seinen Zuhörern nach der Präsentation direkt zu.

Maximale Effekte mit minimalem Zeitaufwand

Mit dem iPad kann der Anwender multimediale Präsentationen ohne großen Einarbeitungs- und Arbeitsaufwand erstellen. Die meisten Apps lassen sich intuitiv bedienen und folgen einem einheitlichen Bedienkonzept. Eine separate Schulung ist im Regelfall nicht erforderlich. Darüber hinaus verzichten die meisten Apps darauf, eigene Formate zu definieren. Sie bedienen sich der Standards. Auf Fotos kann man z.B. bei allen Apps über den Standard-Fotoordner des iPad zugreifen.

Filme werden ebenso einfach als eigenes Element aus dem Standardordner in der Präsentationsapp geöffnet und stehen dann in der Präsentation zur Verfügung. Im Vergleich zu PowerPoint ein Kinderspiel: Dort müssen stets die richtigen, für PowerPoint lesbaren Film-Formate ausgewählt werden; nur diese lassen sich öffnen und anzeigen. Liegt eine Datei im falschen Format vor, also für PowerPoint nicht lesbar, obwohl sie am Rechner außerhalb von PowerPoint angezeigt werden konnte, dann muss sie erst in das passende Format konvertiert werden. Ein zeitaufwändiger Vorgang. Beim iPad gilt die Regel: Was Sie außerhalb der Präsentationsapp an Multimedia-Inhalten anzeigen und anhören können, geht auch innerhalb der App.

Viele Apps – individuelle Gestaltungsvarianten

In diesem Buch werde ich Ihnen verschiedene Apps vorstellen, die für Präsentationen und Moderationen mit dem iPad besonders geeignet sind. Apps sind nichts anderes als kleine Programme, die eigens dafür konzipiert wurden, eine einzige klar definierte Aufgabe optimal zu lösen. Durch diese Art der Spezialisierung finden Sie somit auch sicher die App, die Ihren Bedürfnisse am besten Rechnung trägt. Auch dies steht im Gegensatz zu früher, als es entweder PowerPoint oder Keynote gab und Sie einfach nehmen mussten, was diese beiden Programme zu leisten in der Lage waren. Welche der Apps Sie letztendlich anwenden, hängt davon ab, wie weit Sie die neuen Möglichkeiten des iPad ausschöpfen wollen und bereit sind, sich in Ihrem bisherigen Präsentationsverhalten zu verändern:

- Die Apps nonlinear, Present Pad oder Minimal Folio unterstützen Sie z.B. dabei, den Ansatz der multimedialen und mehrdimensionalen Präsentation voll umzusetzen. Wenn Sie sich für diese Apps entscheiden, werden Sie künftig das Präsentationsgitter, auch Grid genannt (siehe dazu das nächste Kapitel), als unverzichtbar erleben. Sie werden mit diesen Apps ganz andere Abläufe für Ihre Präsentationen planen als die, die Sie bisher womöglich von PowerPoint gewohnt sind.
- Verwenden Sie hingegen die Apps 2Screens, Keynote oder i-Clickr, so haben Sie im Vergleich zur Präsentation mit dem Notebook zwar einen Mehrwert, sind aber deutlich näher an der ursprünglich linearen Logik einer PowerPoint-Präsentation dran. Mit i-Clickr beispielsweise steuern Sie sogar eine PowerPoint-Präsentation fern.
- Mit den vielen anderen hier vorgestellten Tools bewegen Sie sich hingegen weitgehend auf Neuland. So sind die Whiteboard- oder Flipchart-Apps (Wireless Whiteboard, iFLIPchart) zwar vom Namen her den klassischen Medien nachempfunden, bieten aber teilweise andere Möglichkeiten und fordern vor allem ein anderes Vorgehen, als am physisch vorhandenen Board oder Chart. Doch gerade daraus lässt sich dann wiederum auch eine neue Art zu präsentieren entwickeln.

Bevor Sie jedoch jetzt gleich anfangen, sich die genannten Apps alle zu installieren, sollten Sie erst einmal auf den folgenden Seiten in Ruhe lesen, welche Anforderungen die jeweilige App an Sie, die Aufbereitung der Medien und die damit verbundene Präsentationsform stellt.

Beispiel

In einem iPad-Training habe ich die verschiedenen Apps aus diesem Buch vorgestellt. Viele Teilnehmer haben sie sich auch sofort heruntergeladen, da die Hemmschwelle hierfür aufgrund der niedrigen Preise doch sehr gering ist. Später stellten die Teilnehmer dann fest, dass sie bei den in ihrem Unternehmen eingesetzten Medien und im Rahmen der dort üblichen Präsentationen maximal zwei bis drei Apps tatsächlich verwenden werden.

Kabelsalat ade: mehr Bewegungsfreiheit

Wenn Sie bisher mit dem Notebook präsentiert haben, dann haben Sie vermutlich stets den Rechner per Kabel mit dem Beamer verbunden. Ich kenne wenige Redner, die ihren Beamer per WLAN kabellos angesteuert haben. Präsentationen mit dem iPad lassen sich zwar auch kabelgebunden durchführen, ihren besonderen Reiz ziehen sie aber daraus, dass auch kabellose Präsentationen möglich werden. Das funktioniert sogar, ohne dass Sie allzu viel mit Technik zu tun haben werden. Generell gehen Sie hierfür den Weg der Fernsteuerung Ihres iPad z.B. über ein Smartphone. Sie können auch, damit Sie nicht während der Präsentation von Anrufen abgelenkt werden, das AppleTV in Ihr Technikkonzept einbeziehen. Die Schaffung der technischen Voraussetzungen wird im Kapitel „Präsentieren ohne Pannen" im Detail beschrieben.

Auf einen Blick: Warum am iPad präsentieren?

- Das iPad bietet viele neue Möglichkeiten, wie Sie Präsentationen multimedial und interaktiv für Ihre Zuhörer gestalten können.
- Einfache Benutzerführung und einheitliche Standards erlauben die Einarbeitung in die Präsentationswelt am iPad in kurzer Zeit.
- Eine große Auswahl an Apps bedient die unterschiedlichsten Bedürfnisse der Anwender.
- Mit dem iPad sind Präsentationen ohne Kabel möglich.

Die Basics: Grid, Apps und Co.

Mit dem iPad eröffnen sich neue Präsentationsdimensionen – und diese erfordern wiederum neue Begriffe.

In diesem Kapitel erfahren Sie,

- welche Rolle Slides und das Grid bei Ihrer Präsentation spielen,
- welche Bedeutung die richtige App für das Gelingen Ihres Vortrags hat,
- was die unterschiedlichen Apps leisten können.

Slides und Grid: die Grundpfeiler der Präsentation

Sobald Sie anfangen, sich näher mit dem iPad zu beschäftigen, werden Sie feststellen, dass es einige Begriffe gibt, die Ihnen möglicherweise neu sind:

- So z.B. der Fingertipp: Anstelle eines Mausklicks wird mit dem Finger auf ein Element getippt.
- Die Steuerung des iPad erfolgt mit sog. Gesten. Das bedeutet, dass mehrere Finger eingesetzt werden, um eine bestimmte Aktion auszuführen.

Beispiel

Häufig werden Sie bei Präsentationen zwei Finger brauchen, die Sie über dem Detail platzieren, das Sie hervorheben möchten. Indem Sie die beiden Finger dann auseinanderziehen, vergrößern Sie das Bild und das Detail wird sichtbar. In die umgekehrte Richtung funktioniert das natürlich auch, um zum Originalzustand zurückzukehren.

Innerhalb der Präsentationsapps werden Ihnen dann ebenfalls neue Begriffe begegnen, die in der Regel aus dem Englischen kommen. So wird anstelle von Folie als Begriff „Slide" verwendet. Auch wird Ihnen der Begriff „Grid" begegnen.

Welche Rolle spielen Slides?

Slide steht für jedes einzelne Medium, welches seitenfüllend eingesetzt wird. Das heißt, ein Foto alleine kann innerhalb einer Präsentation ebenso als Slide bezeichnet werden, wie eine klassische PowerPoint-Folie mit diversen Elementen, die innerhalb der App angezeigt wird. Jede iPad-Präsentation ist aus mehreren Slides aufgebaut.

Da dabei unterschiedliche Medienelemente, wie z. B. Foto oder Film, aber eben auch konventionelle Dinge, wie z. B. Tabellen, Textlisten und Diagramme, zum Einsatz kommen, stellen sich die meisten Erstanwender die Frage: „Und wie erstelle ich jetzt ein Diagramm, eine Tabelle, eine Textliste etc. in meiner App?" Die Antwort ist einfach: „Wenn Sie es komfortabel wollen, dann gar nicht."

Warum? Die meisten Apps sind reine Wiedergabeprogramme. Das heißt, es ist gar nicht vorgesehen, dass Sie in ihnen ihre Slides erstellen oder bearbeiten. Und selbst wenn Sie eine App wie z.B. Keynote erwerben, in der es möglich ist Slides zu erstellen, so werden Sie schnell feststellen, dass das iPad kein PC-, Mac- oder Notebook-Ersatz sein kann. Für komplexere Gestaltungsaufgaben brauchen Sie eine größere sichtbare Oberfläche, Programme, die differenziertere Gestaltungsfunktionen anbieten, und Rechner, die über eine größere Prozessorleistung verfügen und mit denen sich die Aufgabe in kürzerer Zeit erledigen lässt, als dies am iPad möglich wäre.

Was ist ein Grid?

Das Grid ist ein Raster, in das die einzelnen Elemente Ihrer Präsentation eingeordnet werden.

Konzeptionell bedeutet der Einsatz des iPad mit all seinen Möglichkeiten in Präsentationen ein konsequentes Umdenken, was die Entwicklung der Storyline oder auch „trunk line", also des roten Fadens angeht. Am iPad denken und präsentieren Sie in einem Grid. Das bedeutet, dass Sie in Präsentationen nicht mehr ausschließlich linear vorgehen und ein Slide nach dem anderen präsentieren müssen, sondern dass Sie die Möglichkeit erhalten, Ihre Slides in einem Raster anzuordnen. Es ermöglicht Ihnen, sich interaktiv in der Präsentationssituation auf Ihr Publikum einzustellen.

Am leichtesten erklärt sich das Grid im Vergleich zu einer konventionellen linearen Präsentation. Bei dieser haben Sie nur zwei Richtungen, in denen Sie sich durch die Präsentation bewegen können: vor und zurück.

Richtungen bei der linearen Präsentation

Im Grid werden Ihre Slides so angeordnet, dass Sie sich von jedem Slide aus prinzipiell sowohl vor und zurück, als auch nach oben und nach unten bewegen können. Je nach App können Sie zusätzlich auch noch die Diagonale nutzen, um sich von einem Slide zum anderen, oder, genauer gesagt, von einem Medium zum anderen bewegen zu können. Die Folge ist, dass Sie Ihre Präsentation am iPad in mehreren Dimensionen denken und planen sollten, damit Sie sich anschließend nicht verheddern. Wie Sie das bewerkstelligen, lesen Sie im Kapitel „Wie Sie eine iPad-Präsentation vorbereiten" In der folgenden Grafik können Sie den Unterschied zur linearen Präsentation visuell nachvollziehen:

- Die roten Pfeile kennzeichnen dabei die grundsätzlich geplanten Verzweigungen.

- Die grauen Pfeile sind Beispiele dafür, wie die Präsentation nach einer Verzweigung weg vom Mittelpunkt fortgesetzt werden kann.
- Der schwarze Pfeil demonstriert die Möglichkeit mancher Apps, auch diagonale Sprünge mit in die Planung einzubeziehen.

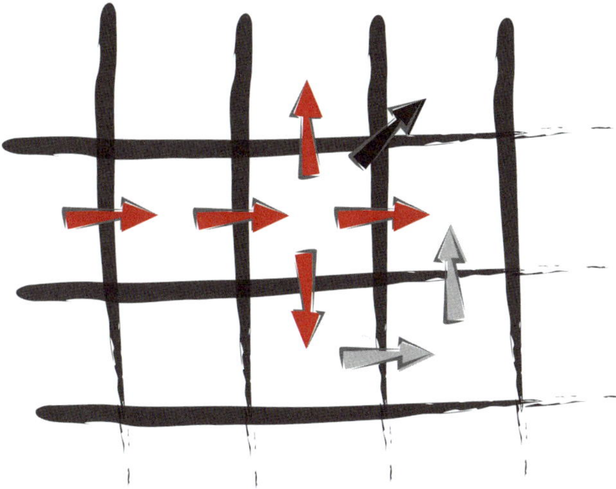

Präsentationen im Grid

Apps: Ohne funktioniert es nicht

Wenn Sie schon ein iPad besitzen, dann sind Sie hardwareseitig für Präsentationen gerüstet. Allerdings fehlen Ihnen noch die kleinen Helferlein, die Apps, die es Ihnen letztendlich ermöglichen, komfortabel die Medien zu präsentieren, die Sie benötigen, um Ihr Publikum zu gewinnen. Nachfolgend werde ich Ihnen daher verschiedene Apps vorstellen, mit denen Sie unterschiedliche Formate präsentieren und in der neuen Struktur des Grid optimal anordnen können. Denn dann machen Sie mit dem iPad bei Präsentationen eine wirklich gute Figur.

Eine App für alle Formate: nonlinear

Wenn es Ihnen darauf ankommt, in Ihren Präsentationen sowohl Slides, Textdokumente, Bilder und Videos einzusetzen, empfehle ich Ihnen die App nonlinear. Verschiedene Formate können hier einfach integriert werden.

Sie spielen über iTunes die Dateien, die Sie in Ihrer Präsentation verwenden wollen, in das Verzeichnis von nonlinear auf Ihrem iPad und schon stehen Ihnen diese zur Zusammenstellung einer Präsentation zur Verfügung. Dabei können Sie PDF-Dokumente, PowerPoint- oder Keynote-Präsentationen, jpg-Dateien (Bilder) oder Videofiles so mischen, wie Sie die Dateien in der Präsentation einbinden wollen. nonlinear teilt automatisch mehrseitige PDF-Dateien in einzelne Slides auf. Ebenso verfährt die App mit PowerPoint- und Keynote-Dateien. Am Ende haben Sie in Ihrer Präsentation einzelne Slides, die Sie im Grid neu anordnen können.

Beachten Sie jedoch, dass es bei diesen Konvertierungen auch zu Problemen kommen kann.

Beispiel

So ist mir aufgefallen, dass ungewöhnliche Schrifttypen in Präsentationen beim Import in nonlinear und in die meisten anderen Apps durch Standardschriften ersetzt werden.

Um hier auf der sicheren Seite zu sein, lautet die Standardregel: Erstellen Sie vor dem Import in eine App aus Ihrer Präsentation ein PDF-Dokument. Damit vermeiden Sie dieses Problem. Bei der Anordnung in der App bleiben Sie dennoch flexibel, weil Sie die einzelnen Seiten des PDF-Dokuments beliebig verschieben können.

Ein zweites Problem taucht auf, wenn Sie in Ihrer PowerPoint-Präsentation Animationen eingesetzt haben. Diese werden beim Import in nonlinear nicht übernommen. Hier gilt ohnehin die Grundregel: Professionelle Redner meiden Animationen wie der Teufel das Weihwasser. Diese Regel sollten Sie beherzigen.

Falls es aber doch einmal nicht ohne Animationen geht, dann erzeugen Sie die Effekte am besten durch aufeinander folgende Einzelfolien.

Schritt für Schritt: Animationseffekte erzeugen

1. Erstellen Sie die fertige Folie mit allen Inhalten.
2. Kopieren Sie diese und löschen Sie den Inhalt, der erst „animiert" sichtbar werden soll. Dies wiederholen Sie so oft, bis alle „animierten" Elemente Schritt für Schritt aufgebaut sind.
3. Anschließend bringen Sie die Folien in die richtige Reihenfolge und importieren sie in nonlinear. Wenn Sie jetzt die Folien nacheinander aufrufen, dann haben Sie eine händisch erstellte Animation.

Da Sie jedoch Slides in den meisten Apps mit den Fingern gezielt vergrößern, so z.B. ein Segment eines Tortendiagramms herauszoomen können, und sich somit schrittweise ein Slide erarbeiten können, werden Sie Animationen nach einer Gewöhnungsphase nicht mehr vermissen.

So verwenden Sie das Grid in nonlinear

nonlinear verwendet ein „floating grid" mit einer maximalen Ausdehnung von 50 Zeilen und 50 Spalten. Bei einem „floating grid" verändert sich mit jedem hinzugefügten Slide die Anordnung der Slides im Verhältnis zueinander.

Beispiel

Fügen Sie ein Slide in Zeile 3 des Grid hinzu, so rutschen alle anderen folgenden Slides einen Platz weiter. Damit stimmt die Zuordnung der folgenden Slides zueinander nicht mehr.

Bei einem Grid, in dem Sie insgesamt 2.500 Slides bzw. Medien unterbringen können, ist daher eine gute Planung notwendig, um die Vorzüge der App voll auszunutzen.

Am besten gehen Sie daher so vor, dass Sie in einem Kalkulationsprogramm das Grid simulieren, indem Sie in die verschiedenen Zellen die Bezeichnungen der zu verwendenden Medien eintragen. Gehen Sie dabei exakt in der vorab beschriebenen Reihenfolge vor. Das heißt: Erst erstellen Sie die „trunk line" und dann ordnen Sie die anderen benötigten Medien entlang dieser Linie an. Sie werden dabei feststellen, dass Sie einzelne Zellen haben, die leer bleiben, weil Sie dort keine Medien einfügen wollen. Diese Zellen stellen normalerweise in nonlinear ein Problem dar, da sie zuverlässig verhindern, dass Sie die Medien in der von Ihnen gewünschten Reihenfolge anordnen. Die Lösung: Sie können im Edit-Mode leere weiße Slides einfügen, mit denen Sie dann Ihre leeren Zellen füllen. Ich selber nutze an diesen Stellen jedoch lieber schwarze Slides, die ich vorab erstelle und dann einfüge, da sich diese Slides auch sehr gut als Pausen-Slides verwenden lassen (siehe die folgende Abbildung).

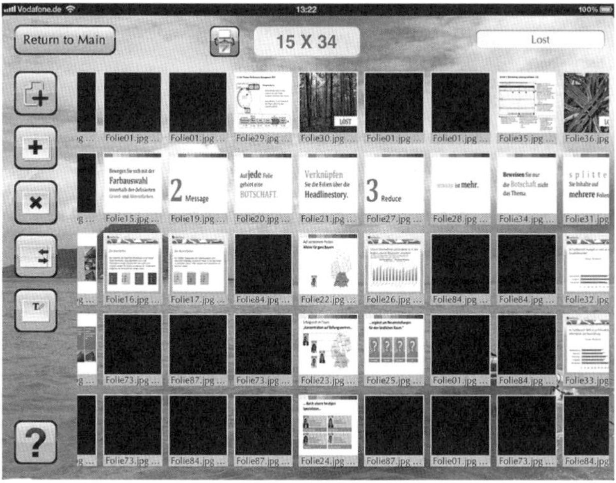

Grid in nonlinear

Das heißt, wenn in einer Präsentation momentan kein Bild benötigt wird, es aber zu aufwändig wäre, den Beamer abzuschalten, kann hier das schwarze Slide eingeblendet werden. Im Gegensatz zu einem weißen Slide kann sich der Referent dann auch direkt vor dem Beamer-Strahl bewegen, was ansonsten nicht möglich ist, ohne Schatten zu werfen.

So präsentieren Sie mit nonlinear

Während der Präsentation haben Sie zwei Möglichkeiten, das Grid zu nutzen. nonlinear ist die einzige App, mit der

- Sie sich das zentrale Slide anzeigen lassen können und
- in einer verkleinerten Vorschau die Slides, die im Grid rund herum um dieses Slide angeordnet sind.

Da nonlinear im Grid die Diagonalen nutzt, sehen Sie neben Ihrem aktuellen Slide acht weitere Slides, die Sie nach Bedarf mit einem Fingertipp aktivieren können (siehe die folgende Abbildung).

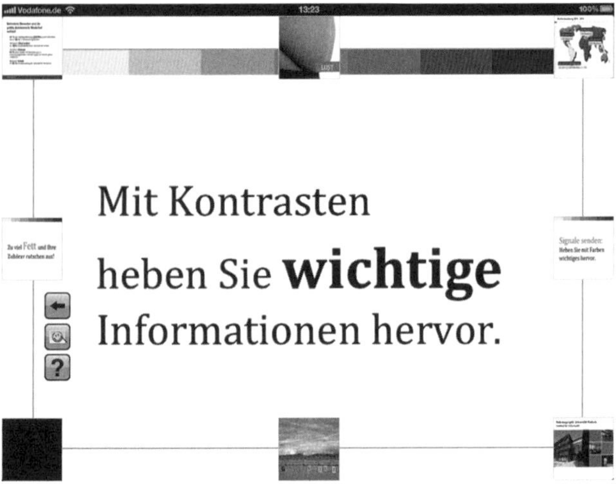

Slides in nonlinear

Alternativ können Sie sich auch das gesamte Grid anzeigen lassen und dort gezielt das Slide bzw. Medium auswählen, welches Sie zeigen wollen. Bei nonlinear macht es keinen Unterschied, ob Sie so ein Video aufrufen, ein Bild oder ein Slide zeigen wollen.

Die sichere App-Variante: Present Pad

Deutlich minimalistischer als in nonlinear wird das Prinzip des Grid in Present Pad umgesetzt. Das bezieht sich zum einen auf die Auswahl an Medien, die Sie mit Present Pad einsetzen können, als auch auf das Grid selber. Bei den Medien gibt es die Beschränkung auf PDF-Dokumente. Das heißt, jede Präsentation, jede Bilderfolge muss vorab immer in ein PDF umgewandelt werden. Anschließend lässt es sich in Present Pad laden. Dort wird es in einzelne Slides aufgeteilt, und Sie können damit beginnen, die Slides in einem Grid anzuordnen. Durch die Beschränkung auf das PDF-Format können zwar Bilder integriert werden, Videos und Tondateien jedoch nicht. Das Grid selber ist simpel gemacht. Wie bei einer Excel-Tabelle liegt es in Form von einzelnen Platzhaltern im Hintergrund, und Sie können Ihre Slides mit dem Finger an die gewünschte Stelle schieben. Leere Zellen bzw. Platzhalter können dabei ruhig erhalten bleiben, da sich das Grid im Hintergrund nicht bewegt, ganz im Gegensatz zum „floating grid" bei nonlinear.

> Auch bei dieser App sollten Sie – trotz bereits vorhandenem Grid – vorab ein Storyboard in Excel anlegen. Die Platzierung der einzelnen Slides wird Ihnen dann wesentlich leichter fallen.
>
> Statt eines einzelnen großen PDF-Dokuments sollten Sie mehrere kleine PDF-Dateien anlegen. Diese können Sie dann nach und nach importieren und sich so die Gesamtpräsentation zusammenstellen.

Vor- und Nachteile der App

Present Pad mag zunächst enttäuschend wirken, da die Multimedia-Möglichkeiten des iPad nicht voll ausgeschöpft werden. Doch bei genauerem Hinsehen sind lediglich Videos und Tondateien außen vor, da sich alle anderen Formate problemlos in PDF konvertieren lassen.

Bei noch genauerem Blick fällt auf, dass Present Pad eine gute Plattform ist, um vorhandene Folienpools, wie sie häufig in Konzernen vom Marketing angelegt werden, zu nutzen. Denn für Präsentationen mit PowerPoint werden häufig einzelne Foliensätze für spezielle Produkte oder Dienstleistungen angelegt, die der Präsentierende dann vollständig oder in Ausschnitten in seine aktuelle Präsentation kopiert. Dieses Vorgehen kann mit Present Pad beibehalten werden. Ergänzend dazu lassen sich noch Unternehmensbroschüren, Textdokumente etc. integrieren, die meistens bereits als PDF-Dateien vorliegen, ohne dass derjenige sich vorab darum bemühen muss, diese PowerPoint geeignet umzuformatieren. Vorteil für das Marketing: An PDF-Dokumenten wird nichts mehr umgestaltet. CI-Vorgaben können damit konsequent umgesetzt werden.

So präsentieren Sie mit Present Pad

Sobald Sie Ihr iPad mit dem Beamer verbunden haben (wireless oder per Kabel, siehe dazu das Kapitel „Präsentieren ohne Pannen"), starten Sie Ihre Präsentation, indem Sie im Grid die gewünschte Folie auswählen. Wenn Sie die Abfolge der Folien im Grid genau kennen, können Sie sich stattdessen auch eine einzelne Folie im Vollbildmodus auf Ihrem iPad anzeigen lassen und dann in die verschiedenen Richtungen „wischen", um zu den folgenden Folien zu gelangen. Anders als bei nonlinear wird Ihnen hier allerdings keine Vorschau angeboten.

Außenseiter mit Stärken und Schwächen: Minimal Folio

Auch wenn es sich bei Minimal Folio nicht direkt um eine Präsentationsapp handelt, sollten Sie sich dieses Programm einmal ansehen. Das Grid wird hier nochmals auf eine andere Art interpretiert. Auch werden PDF-Dokumente komplett anders als in den bereits dargestellten Apps verwendet. Wenn Sie in Minimal Folio eine PDF-Datei einbinden, werden Sie eine Überraschung erleben. Denn im Grid erscheint dann nur ein einzelnes zusammenhängendes Dokument, keine einzelnen Seiten. Minimal Folio zerlegt also ein PDF-Dokument nicht in Einzeldateien. Dies kann einerseits ein Nachteil sein, wenn Sie die Dateien im Grid neu sortieren wollen, stellt aber einen Vorteil dar, wenn Sie in bestimmten Phasen einen linearen Ablauf bevorzugen – das Grid bleibt dann übersichtlicher.

Generell können Sie in Minimal Folio auch Fotos und Filme einbinden. Klassische PowerPoint- oder Keynote-Präsentationen sollten Sie jedoch vor der Übernahme in Minimal Folio als Fotos abspeichern und als solche importieren, wenn Sie einzelne Slides erhalten wollen. Die Funktion, die es ermöglicht, Foliensätze als Fotos abzuspeichern, finden Sie sowohl in PowerPoint als auch in Keynote.

So verwenden Sie das Grid in Minimal Folio

Minimal Folio bietet Ihnen anstelle eines echten Grid im Übersichtsmodus nur Spalten an. Allerdings verbirgt sich dahinter ein trickreiches Konzept. Alle Bilder und Filme in einer Spalte werden quasi auf einen Stapel übereinander gelegt. Wenn Sie dann ein Bild in der ersten Spalte antippen und nach unten wischen, öffnen sich nach und nach alle Bilder, die in dieser Spalte untereinander angeordnet sind. Sobald Sie nach rechts in die zweite Spalte wischen, springen Sie dort automatisch zum obersten Bild auf diesem Stapel. Dies hat den Vorteil, dass Sie schleifenförmig angelegte Argumentationsstrukturen nach dem „loop concept" (siehe dazu das nächste Kapitel) sehr einfach erstellen können. Sie ordnen die zugehörigen Medien einfach unterhalb an und wischen nach rechts, sobald Sie zum nächsten Slide der „trunk line" zurückkehren wollen. Die Zahl notwendiger Pausenfolien innerhalb einer Präsentation wird dadurch deutlich verringert.

Hilfreich für den Präsentierenden ist es, dass ein einmal geöffneter Stapel offen bleibt: Wenn Sie in Spalte 2 auf Slide 5 und dann in die Spalte 1 wischen, so landen Sie automatisch auf Slide 5 von Spalte 1, bzw. wenn dort z.B. nur 4 Slides vorhanden waren, auf dem Slide 4. Dies ist von Vorteil, wenn Sie wegen einer Rückfrage aufgefordert sind, nochmals zur vorherigen Folie zu gehen.

Auch hier sollten Sie sich im Vorfeld Gedanken über die Anordnung der Medien gemacht haben. Ich empfehle Ihnen hier ebenso die Excel-Tabelle. Die Bedienung ist mit Present Pad zu vergleichen. Dadurch, dass die Spalten fixiert sind, können Sie leichter einzelne Slides/Medien verschieben, ohne dass Ihnen gleich die gesamte Struktur verloren geht. Lediglich innerhalb der jeweiligen Spalte wird nach oben oder unten verschoben. Die folgende Abbildung zeigt, dass sich dann wieder das gewohnte Grid ergibt, in dem neben Folien und Bildern auch Videos verwendet wurden.

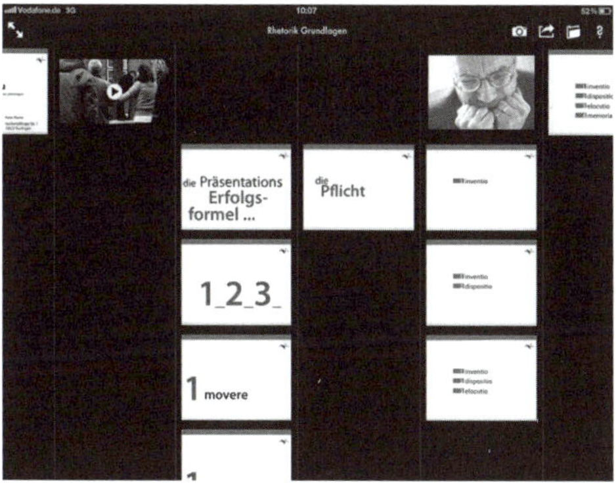

Grid in Minimal Folio

So präsentieren Sie mit Minimal Folio

Aus meiner Sicht ist Minimal Folio das optimale Tool, wenn es sich nicht um eine klassische Präsentationssituation handelt, sondern um ein Vertriebsgespräch. In einem solchen sollte zwar ein roter Faden vorhanden sein und hier und da mal eine Folie gezeigt werden, wesentlicher aber ist es, für den Kunden erkennbar von diesem roten Faden abzuweichen, um auf dessen spezielle Bedürfnisse einzugehen.

Wenn Sie das Tool so nutzen, wird aus der Schwäche des Tools eine Stärke. Die Schwäche besteht darin, dass Minimal Folio nicht über einen eigenen Präsentationsmodus verfügt, bei dem Sie das Grid und der Zuhörer das Slide sehen können. Das heißt: Entweder Sie kennen Ihr Grid wie im Schlaf und können souverän auch ohne Vorschau nach oben, unten, links oder rechts von einem Medium zum nächsten blättern, oder Sie gehen in das Grid. Dieses wird dann aber ebenso in seiner Gesamtheit projiziert, wie zuvor die einzelne Folie.

Nutzen Sie es daher eher als digitalen Aktenkoffer für all die Medien, die Sie normalerweise zu einem Gespräch mitnehmen würden, und präsentieren Sie direkt am iPad. Für eine klassische Präsentation vor einem größeren Auditorium empfehle ich Ihnen eine der anderen vorgestellten Apps.

Apps für lineare Präsentationen

Die Umstellung von Präsentationen auf ein Grid-Konzept bedeutet für viele Präsentierende eine radikale Abkehr von bisherigen Gewohnheiten. Daher stelle ich Ihnen im folgenden

Kapitel vor, wie Sie am iPad herkömmliche lineare PowerPoint- oder Keynote-Präsentationen strukturell optimieren, um mit Bildern und Videos Akzente an den richtigen Stellen zu setzen. Hier lernen Sie zunächst zwei Apps kennen, mit denen Sie diese linearen Konzepte am iPad umsetzen können.

Zwischen Standard und Moderne: 2Screens

Zahlreiche Präsentationen sind noch nicht vollständig auf iPad-Präsentationen hin optimiert. 2Screens ist meiner Ansicht nach die ideale App für solche Fälle. Sie können dort auf der einen Seite so präsentieren, wie Sie es von PowerPoint gewohnt sind. Der einzige Unterschied ist dann, dass Sie das iPad in der Hand halten. Auf der anderen Seite haben Sie weitaus mehr Möglichkeiten, da der Zugriff auf Videos, Bilder und Webseiten aus dieser App heraus möglich ist.

So bereiten Sie 2Screens-Präsentationen vor

Präsentationen werden in 2Screens wie folgt vorbereitet: Zunächst laden Sie Ihre Präsentation via iTunes oder über einen anderen der im nächsten Hauptkapitel beschriebenen Wege in 2Screens. Die Dateien landen dort im Home-Verzeichnis. Sobald Sie die Slides dort öffnen, wird automatisch ein sog. Tab angelegt, der wie ein aktiver Ordner Ihre Folien für die laufende Präsentation aufnimmt.

Erwarten Sie, dass Rückfragen den Zugriff auf eine andere Präsentation notwendig machen, dann können Sie diese ebenfalls öffnen und innerhalb eines Tab vorbereiten. Sie bereiten sich also auch hier ein Backup vor, bringen es im Gegensatz zum Grid jedoch nicht in der gleichen Ansicht unter, sondern eben in einem neuen Tab, zu dem Sie im Ernstfall dann explizit wechseln müssen. Auch Bilder oder Videos können Sie so in einzelnen Tabs organisieren.

In der Abbildung sehen Sie, dass ich eine Präsentation im aktuellen Tab geöffnet habe. Ferner habe ich Bilder geöffnet sowie eine Website mit einem Video von Ted.com bereits im Vorfeld geladen, so dass ich in der Präsentation direkt darauf zugreifen kann.

Grid in 2Screens

Sie können mit 2Screens innerhalb einer Oberfläche

- bestehende PowerPoint- oder Keynote-Foliensätze,
- PDF-Dokumente z.B. für Referenzschreiben,
- Fotos,
- Videosequenzen oder
- vorab geladene Webseiten

zusammenführen. Während Ihrer Präsentation wählen Sie dann mit einem Fingertipp aus, welches Dokument Sie nun zeigen wollen. Damit haben Sie dann die volle Kontrolle über Ihre Präsentation und können von einem Medium zum nächsten springen, ohne dass Ihre Zuhörer sehen, was Sie sonst noch auf Ihrem iPad an Daten gespeichert haben. Aus meiner Erfahrung weiß ich, dass bestimmte Präsentationen häufiger benötigt werden. So ist es z.B. im Vertrieb üblich, bestimmte Standardpräsentationen stets auf dem eigenen Notebook parat zu haben. Gleiches gilt für Broschüren und Flyer. Wenn dies bei Ihnen auch der Fall sein sollte, dann kann es sein, dass die Foliensammlung im Home-Verzeichnis schnell mal unübersichtlich wird. Ich empfehle Ihnen daher, in diesem Verzeichnis Unterordner anzulegen, in die Sie dann die jeweiligen Präsentationen und Materialien verschieben.

So präsentieren Sie mit 2Screens

Präsentieren mit 2Screens ist einfach. Sobald Sie eine in 2Screens geladene Präsentation starten und Ihr iPad an den Beamer angeschlossen haben, wird auf dem Beamer die Präsentationsansicht – das Slide – angezeigt. Auf Ihrem iPad selber sehen Sie das aktuelle Slide im oberen Bereich und die

Vorschau auf das nächste Slide im unteren Bereich. Von einem Slide zum nächsten wechseln Sie, indem Sie das nächste Slide antippen oder von unten nach oben mit Ihren Fingern wischen. Außerdem haben Sie die Möglichkeit, sich auch mehr als eine Folie in der Vorschau anzeigen zu lassen, indem Sie sich mit der Schaltfläche unten links, die verschiedene hintereinander geschichtete Slides symbolisiert, eine Vorschau in einer Art Folienübersicht einblenden. So können Sie auch einmal ohne Aufwand eine Folie überspringen, indem Sie auf die gewünschte Folie mit Ihrem Finger tippen (siehe dazu die folgende Abbildung).

Folienauswahl in 2Screens

Zwischen Medien und Folien wechseln Sie über die Tab-Schaltfläche (siehe Bild oben, vierte von rechts), sofern Sie den Wechsel vorausgeplant hatten. Wenn nicht, dann können Sie auch während der Präsentation selber über die „Home"-Schaltfläche (siehe Abb., oben links) auf Ihre Ordner zugreifen und eine andere Präsentation oder ein anderes Medium öffnen.

Egal, welche Variante Sie wählen, die Zuschauer sehen dies nicht, da 2Screens das vorangegangene Beamerbild stets beibehält, bis Sie eine neue Auswahl getroffen haben. Als Redner sind Sie bei 2Screens daher äußerst flexibel. Sie können deutlich souveräner wechseln als bei PowerPoint-Präsentationen.

Beispiel

Ein Referent präsentiert mit PowerPoint. Als eine Zwischenfrage von einem Zuschauer kommt, möchte er seine Antwort mit einer Folie aus einer anderen Präsentationsdatei unterstützen. Kurzerhand verlässt er die aktuelle Präsentation und öffnet den Ordner, in dem er seine Präsentationen gespeichert hat. Jeder im Publikum kann sehen, für welche Anlässe und Kunden er weitere Präsentationen vorbereitet hat. Doch damit nicht genug. Als er die richtige Präsentation gefunden hat, beginnt er durch die Folien zu blättern, um nun innerhalb dieses Vortrags die richtige Folie zu finden. Wieder können die Zuhörer mit verfolgen, was eigentlich nicht für ihre Augen bestimmt ist. Kein Wunder, dass mit den Fragen, die nun auftauchen, der ganze Vortrag aus dem Rhythmus gerät und einen ungeplanten Verlauf nimmt.

> Bei Präsentationen mit dem iPad werden Sie häufiger Sprünge und spontane Folienwechsel einsetzen. Dies bietet sich vor allem dann an, wenn Sie merken, dass Ihnen die Zeit davonläuft. Sie sollten daher auf Foliennummerierungen verzichten. Es ist unnötig, die Zuhörer darauf aufmerksam zu machen, dass Sie an einer bestimmten Stelle vom geplanten Ablauf abweichen. Nummern gehören in ein Handout, aber nicht auf die Slides selber.

2Screens-Extra: der Laserpointer

Ein weiterer Punkt ist bei 2Sreens wichtig zu erwähnen: der Laserpointer bzw. die iPad-Variante desselben. Die Möglichkeiten, mit PowerPoint oder Keynote einzelne Aspekte in der Präsentation hervorzuheben, sind vielfältig. Und eigentlich könnte jeder Redner seine Akzente bereits im Vorfeld planen und herausarbeiten. Trotzdem wird in Live-Präsentationen immer wieder der Laserpointer eingesetzt, um Inhalte auf den Slides besonders zu betonen. Doch selten wird dieses Tool professionell genutzt: Da wird sehr schnell auf einzelne Punkte gezeigt, so schnell, dass die Zuschauer den hervorzuhebenden Punkt durch den irrlichternden Laserpointer gar nicht wahrnehmen können. Da zittert die Hand des Redners so sehr, dass es ihm unmöglich ist, überhaupt auf einen Punkt zu zeigen.

In 2Screens ist die Funktion des Laserpointers eingearbeitet. Einmal aktiviert (unten in der Mitte), erscheint ein roter Punkt, der sich dann mit dem Finger auf dem iPad an die hervorzuhebende Stelle verschieben lässt. Dabei bleibt der rote Punkt auch an dieser Stelle stehen, so dass eine ruhige Hervorhebung möglich wird. Allerdings müssen Sie daran denken, dass Sie den Punkt wieder abschalten, wenn Sie zum nächsten Slide wechseln, denn sonst wird womöglich dort etwas betont, was gar nicht hervorgehoben werden sollte.

Keynote: Fast alles bleibt wie bisher

Apple hat die Präsentationssoftware Keynote als App für das iPad verfügbar gemacht. Damit können Sie wie gewohnt Ihre Präsentationen erstellen. Der einzige Unterschied: Sie benutzen am iPad die Finger, nicht die Maus. Ansonsten bleibt aber alles gleich. Animationen sind in diesem Programm möglich, auch Folienübergänge sind machbar. Die Präsentation selber wird erstellt wie am Notebook. Zwischen Standard und Moderne zu präsentieren bedeutet in diesem Fall lediglich, dass das iPad genutzt wird, um zu präsentieren und nicht das Notebook. Damit sind auch hier ausschließlich lineare Präsentationen realisierbar, wenn man davon absieht, dass über Hyperlinks natürlich auch Verzweigungen möglich sind. Das spontane Präsentieren wie mit den oben vorgestellten Apps ist jedoch nicht möglich. Dennoch lohnt es sich für Sie, diese App in Ihre Überlegungen mit einzubeziehen und zwar aus zweierlei Gründen:

- Der Import von Präsentationen aus PowerPoint geht weitgehend problemlos.
- Wenn Sie präsentieren, können Sie sich Moderatorennotizen einblenden, die Ihnen dabei helfen, schwierige Inhalte zu erinnern und richtig wiederzugeben.

So bereiten Sie Keynote-Präsentationen vor

Um mit Keynote am iPad zu präsentieren, importieren Sie zunächst Ihre Keynote- oder PowerPoint-Datei von Ihrem Rechner via iTunes oder über einen anderen der im nächsten Hauptkapitel beschriebenen Wege. Keynote wird anschließend die Datei konvertieren und Ihnen in einem Bericht zurückmelden, welche Dinge nicht umgesetzt werden konnten. Dazu zählen im Regelfall Schriften, Animationen und Folienübergänge sowie eingebettete Videos. Sie erhalten also sofort einen Hinweis, an welchen Stellen Sie Ihre Präsentation nochmals überarbeiten und z.B. Animationen neu erstellen müssen.

Diese Überarbeitungen nehmen Sie direkt in Keynote vor. Das heißt, Sie können hier – anders als in den reinen Anzeigeprogrammen – noch direkt Veränderungen vornehmen. Viele tendieren dazu, auf Reisen nur noch das iPad mitzuführen. Das macht es im Regelfall schwierig, unterwegs Dinge zu überarbeiten, die aufwändiger gestaltet sind. Mit Keynote können Sie hingegen auch spontan noch einigermaßen komfortabel Veränderungen vornehmen, z.B. den Kundennamen in einer Präsentation ändern oder einen Fehler, den Sie kurz vor Präsentationsbeginn entdecken, ausmerzen.

> Allerdings sollten Sie bei der Erstellung der Slides an Ihrem PC oder Notebook darauf achten, sie von vornherein so zu erstellen, dass sie wenig Nacharbeit benötigen. Verzichten Sie also auf Animationen, fügen Sie Filme erst im Nachhinein ein und verwenden Sie Standardschriften.

So präsentieren Sie mit Keynote

Der größte Vorteil von Keynote besteht darin, dass Sie bei der Präsentation über einen Moderatorenmodus verfügen. Er erlaubt es Ihnen, sich während der Präsentation Ihre vorbereiteten Notizen zum Vortrag anzusehen. Der Moderatorenmodus wird automatisch gestartet, wenn Sie mit angeschlossenem Beamer eine Präsentation vorführen. Bevor Sie mit der Präsentation beginnen, sollten Sie sich den Modus allerdings so konfigurieren, dass Ihnen auch Ihre Notizen angezeigt werden. Dazu wählen Sie die Konfigurationsschaltfläche und wählen die Option „Diese und Notizen".

Beispiel

In der Praxis erlebe ich immer wieder Referenten, die mit Slides präsentieren, die eher als Dokumentation denn als Präsentation taugen. Viele begründen dies damit, dass in ihrem Unternehmen angeblich gewünscht wird, dass auf einer Folie alles zu stehen hat. Dabei verkennen sie meist, dass nicht auf der Folie alles stehen muss, sondern im anschließend ausgehändigten Handout, und dass Dokumentation und Präsentation eben zwei unterschiedliche Dinge sind.

Andere Referenten geben ehrlich zu, dass sie alles auf die Slides schreiben, um ablesen zu können, weil sie sich in der kurzen, ihnen zur Verfügung stehenden Vorbereitungszeit sich unmöglich alle notwendigen Einzelheiten einprägen können. Das sind dann auch die Redner, die mit dem Rücken zum Publikum präsentieren und Ihre Zuhörer meist mit Missachtung strafen.

Nur wenige Referenten, die ich bisher in meiner Praxis erlebt habe, nutzen die in PowerPoint vorhandene Referentenansicht. Mit dieser könnten sie sich ebenfalls die aktuelle Folie plus Notizen auf dem Notebook anzeigen lassen. Häufig wird das jedoch nicht gemacht, weil es kompliziert ist, diese Anzeige zu aktivieren, oder weil diese Möglichkeit schlichtweg unbekannt ist.

Während der Präsentation mit Keynote können Sie einfach auf die gerade angezeigte Folie tippen und es wird die nächste Folie gezeigt. Oder Sie wischen nach links bzw. rechts, um zur nächsten oder vorangegangenen Folie zu gelangen.

Der Keynote-Laserpointer

Keynote bietet Ihnen wie 2Screens einen Laserpointer, den Sie während der Präsentation einsetzen können. Allerdings gleicht dieser mehr einem realen Laserpointer, da er nur sichtbar ist, wenn Sie mit Ihrem Finger auf den iPad-Bildschirm zeigen. Sie müssen sich also auf Ihren Finger konzentrieren und sehr ruhig und langsam zeigen, damit das Publikum Ihren Gesten folgen kann. Die Funktion, den roten Laserpunkt an einer Stelle stehen zu lassen wie in 2Screens, gibt es hier leider nicht.

Die Stoppuhr-Funktion

Dafür existiert eine andere Funktion, die beide Programme abbilden und die für den Redner sehr hilfreich ist: eine Stoppuhr. Ist diese Funktion aktiviert, sehen Sie immer, wie Sie in der Zeit liegen. So können Sie Ihr Rede- und Präsentationstempo nach Bedarf anpassen.

Exkurs: Umgang mit Zeitstoppern

Zeit ist relativ. Dieser Satz gilt insbesondere für Präsentationen und Reden. Die meisten unerfahrenen Redner fürchten, die Redezeit nicht füllen zu können. Der Anfang ihres Vortrags ist daher geprägt von Ausschmückungen, und am Ende überziehen sie deutlich. Diese Gefahr ist auch gegeben, wenn Sie sich eine Uhr einblenden. Gerade dann, wenn Sie den Präsentationsablauf noch nicht sicher beherrschen, ist die Wahrscheinlichkeit groß, dass Sie am Anfang Ihrer Präsentation aufgeregt sind. Sie sprechen dadurch schneller und verkürzen Inhalte. Der Effekt, der sich dann einstellt, ist, dass Sie bei einer geplanten Redezeit von zehn Minuten bereits nach dreieinhalb Minuten die Hälfte Ihrer Folien präsentiert haben. Jetzt beginnen Sie auszuschmücken, werden allerdings gleichzeitig ruhiger und sicherer, da die Phase des Warmredens vorbei ist. Wenn Sie dann das nächste Mal bewusst auf die Uhr sehen, stellen Sie fest, dass die Zeit knapp wird und Sie nun wieder kürzen müssen.

> Meine persönliche Empfehlung ist hier, dass Sie die Präsentation in der Vorbereitungsphase mehrfach mit der Stoppuhr durchspielen. Mit zunehmender Übung pendelt sich die benötigte Zeit in der Nähe eines Wertes ein, der dann so verlässlich ist, dass Sie während Ihrer Präsentation getrost auf die Stoppuhr verzichten können.

Mit dem iPhone Keynote und 2Screens remote steuern

Sowohl für 2Screens als auch für Keynote gibt es jeweils eine zusätzliche App, mit der Sie das über ein Kabel an den Beamer angeschlossene iPad remote steuern können. Dabei stehen Ihnen am iPhone alle wichtigen Funktionen, wie z.B. Folien vor und zurück wechseln oder schwarze Pausenfolien einfügen, zur Verfügung.

In Keynote können Sie sich außerdem Ihre Moderatorennotizen auch auf dem iPhone anzeigen lassen, den Laserpointer und die Stoppuhr verwenden. In 2Screens können Sie auch am iPhone zwischen den vorbereiteten Tabs umschalten und somit auch auf die Distanz optimal präsentieren. Die Verbindung erfolgt dann, wie im Kapitel „Präsentieren ohne Pannen" beschrieben, über Bluetooth. Die App Keynote Remote, mit der Sie Ihre Keynote-Präsentation über das iPhone steuern, können Sie allerdings auch über WLAN mit Keynote verbinden. Hierfür sollten Sie jedoch über ein stabiles WLAN-Netz verfügen.

Auf einen Blick: Die Basics

- Mit einem iPad können Sie linear präsentieren, wie Sie es aus PowerPoint oder Keynote gewöhnt sind. Sie können aber auch eine Präsentation im Grid wählen.
- Im Grid präsentieren Sie anhand eines Rasters, in dem Sie nicht nur vor und zurück, sondern auch diagonal zu den einzelnen Slides wechseln können.
- Je nachdem, ob Sie linear oder im Grid präsentieren, stehen Ihnen unterschiedliche Apps zur Verfügung, die allesamt gegenüber PowerPoint wesentliche Vorteile haben.
- Apps, die das Präsentieren im Grid unterstützen, sind z.B. Present Pad, nonlinear und Minimal Folio. Lineare Präsentationen können Sie z.B. mit 2Screens oder Keynote umsetzen.

Wie Sie eine iPad-Präsentation vorbereiten

Eine gute Präsentation steht und fällt mit einer guten Vorbereitung. Das gilt vor allem bei iPad-Vorträgen im Grid, die ein Umdenken erfordern.

In diesem Kapitel erfahren Sie,

- wie Sie Ihre Dateien optimal auf dem iPad organisieren,
- wie Sie Ihre Vorträge am iPad sowohl im Grid als auch linear perfekt planen,
- wie Sie mit einem Back-up lästiges Suchen beim Vortragen verhindern.

Dateiorganisation: vom Rechner aufs iPad

Bei der Planung Ihrer Präsentation haben Sie mit den verschiedenen Apps, die zur Verfügung stehen, die volle Medienfreiheit. Sie wählen aus, welche Dateien Sie verwenden wollen und transferieren diese dann direkt in den Medienordner Ihrer bevorzugten App.

Verschiedene Wege führen zum Ziel

Dies geschieht häufig, indem man die Dateien am Desktop-Rechner in iTunes zieht und anschließend den Rechner und das iPad synchronisiert, oder indem Sie sich E-Mails mit den gewünschten Dateien im Anhang senden.

- Fotos werden in der Regel dadurch importiert, dass Sie aus der jeweiligen App heraus den Fotoordner auf Ihrem iPad öffnen und sich von dort die Dateien in die App ziehen.
- Eine ebenfalls sehr beliebte Variante besteht darin, Dateien über einen Dropbox-Account in die Präsentationsapp zu laden. Dies ist ein bequemer Weg, sofern es sich nicht um sensible Dateien handelt, bei denen ein eventueller Zugriff von Fremden keine Rolle spielt. Verwenden Sie Daten Ihres Unternehmens, so sollten Sie sich darüber bewusst sein, dass Dropbox-Daten außerhalb der Unternehmensumgebung gespeichert werden. Dies kann ein Verstoß gegen die Datenschutzpolicy Ihres Unternehmens sein.

Dropbox ist ähnlich wie die iCloud von Apple ein externer Datenspeicher, auf dem Sie Ihre Daten ablegen und mit Ihren unterschiedlichen Geräten darauf zugreifen können. Im Gegensatz zur iCloud, die auf die Apple-Welt beschränkt ist, funktioniert ein Dropbox-Account auch mit anderen Geräten. Aus Datenschutzgründen sollten Sie bei jeder Cloud-Variante mit geschäftlichen Daten sehr vorsichtig sein.

Medien auf dem Unternehmensserver organisieren: open in ...

Da Präsentationen immer wieder aktualisiert werden müssen und in der Unternehmenswelt oft nicht nur ein Mitarbeiter mit den Daten vorträgt, sondern viele, macht es Sinn, alle Medien, die eingebunden werden sollen, in Verzeichnissen auf dem Unternehmensserver zu organisieren. So können sie aktuell gehalten werden und stehen außerdem in der identischen Form auch an Desktop-Rechnern oder Notebooks zu Verfügung. Erst wenn sie von dort abgerufen werden, werden sie in die jeweilige App überspielt – eine Art sichere Dropbox.

Damit das funktioniert, benötigen Sie eine passende App. Ich verwende hier die App FileBrowser. Mit dieser realisiere ich den Zugriff auf die Laufwerke meines Windows Servers. Nach der Einwahl auf dem Server ist es so möglich, auf die freigegebenen Laufwerke zuzugreifen und die Medien zu suchen, die für die Präsentation verwendet werden sollen. Nach Auswahl des Mediums öffnet sich ein Fenster. Eine der dort angebotenen Funktionen lautet „open in". Sobald Sie diese Funktion ausgewählt haben, können Sie die Ziel-App, also Ihre Präsentationsapp, aus der angebotenen Liste auswählen. Die

Datei wird dann direkt in das Verzeichnis der App kopiert und anschließend geöffnet.

Beispiel

Einer meiner Kunden verwendet anstelle des FileBrowsers die App GoodReader. Mit GoodReader lassen sich nahezu alle Dateien mit den gängigen Formaten öffnen, wie sie am PC oder Mac erstellen werden. Da der GoodReader außerdem eine gute Dateiverwaltung mitliefert, in der sich die Dateien organisieren lassen und auch die Funktion „open in" hat, ist er für die Mitarbeiter des Kunden das ideale Tool. So werden die Dateien einerseits von dort aus an die verschiedenen Präsentationsapps geschickt, andererseits nutzen speziell die Trainer und Vertriebsmitarbeiter GoodReader auch als Bibliothek, um selber in den Unterlagen komfortabel Informationen nachzuschlagen.

Die open in-Funktion ist in vielen Apps vorhanden. So können Sie sich Ihre Dateien natürlich auch an Ihren E-Mail-Account senden, die Mail abrufen und dann das Attachment mit „open in" in der gewünschten Präsentationsapp öffnen.

Präsentieren im Grid: Ihr Konzept in drei Schritten

Konzeptionell bedeutet die Verwendung des iPad mit all seinen Möglichkeiten in Präsentationen ein konsequentes Umdenken. Am iPad denken und präsentieren Sie, wie bereits dargestellt, bei vielen Apps in einem Grid. Zur Erinnerung: Das bedeutet, dass Sie in Präsentationen nicht mehr linear vorgehen und ein Slide nach dem anderen präsentieren, sondern dass Sie Ihre Slides in einem Raster anordnen, welches es

Ihnen ermöglicht, sich interaktiv in der Präsentationssituation auf Ihr Publikum einzustellen.

Durch die Vielzahl an Verzweigungsmöglichkeiten besteht die Gefahr, dass Sie sich bei der Anlage einer Präsentation im Grid verheddern. Die nachfolgend dargestellten drei Schritte helfen Ihnen dabei, Ihre bereits vorhandenen Medien (Slides, Videos, Bilder, Dokumente) systematisch so aufzubereiten, dass Sie die Vorzüge der Präsentation im Grid nutzen können.

Schritt 1: Definieren der „trunk line"

Präsentationen sind nur so gut, wie sie für den Zuhörer Antworten auf die Fragen liefern, die ihn beschäftigen. Sie sollten sich also, bevor Sie anfangen Slides und Medien zusammenzustellen, fragen: „Welche Fragen beschäftigen meine Zuhörer?" Die Antworten darauf sind die wesentlichen Botschaften, die Sie in Ihrer Präsentation herausarbeiten müssen, um den Erfolg sicherzustellen.

Ergänzend sollten Sie sich überlegen, welche Ziele Sie mit Ihrer Präsentation verfolgen:

- Damit sind auf der einen Seite die Handlungsziele gemeint, also das, was Ihre Zuhörer nach der Präsentation als Konsequenz aus der Präsentation in Angriff nehmen sollten.
- Auf der anderen Seite sind die inhaltlichen Ziele gemeint, also das, was Ihre Zuhörer nach der Präsentation gelernt haben sollten.

Ausgehend davon bringen Sie Ihre Botschaften nun in die logische Reihenfolge, die innerhalb einer linearen, nicht in die Details vertiefenden Präsentation die größte Überzeugungskraft entwickelt. Sie definieren damit die „trunk line", das heißt die zentrale Linie, anhand der Sie in Ihrer Präsentation vorgehen werden.

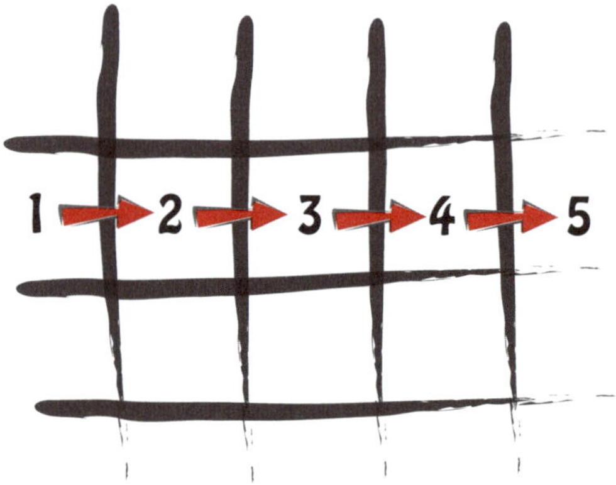

Trunk line

Von Seminarteilnehmern höre ich immer wieder, dass sie z. B. bei Vorstandspräsentationen nicht genügend Zeit eingeräumt bekommen, um ihre PowerPoint-Präsentation schlüssig bis zum Ende durchzuführen. Der hier vorgeschlagene Weg hilft, aus diesem Dilemma herauszukommen. Durch die Konzentration auf die wesentlichen Botschaften, die jeweils über ein Slide vermittelt werden, schaffen Sie eine vorstandstaugliche verdichtete Präsentation, die sich auch unter engen Zeitvorgaben realisieren lässt. Vertiefungen in notwendige inhaltliche Details, wie z. B. Ausführungen zu finanziellen Aspekten, werden in den weiteren Schritten an gezielt gesetzten Interaktionspunkten hinzugefügt.

Schritt 2: Definieren der „interaction points"

Im zweiten Schritt legen Sie fest, bei welchen Inhalten Ihrer Präsentation Sie grundsätzlich in der Lage sind in die Tiefe zu gehen, um Detailfragen des Publikums zu beantworten. Diese Stellen nenne ich „interaction points". Ich nenne sie deswegen so, weil an diesen Punkten grundsätzlich die Möglichkeit besteht, die Zuhörer interaktiv zu beteiligen. So können Sie an einem „interaction point" Ihre Zuhörer fragen, inwieweit es von Interesse für sie ist, dass Sie einen bestimmten Aspekt, wie z.B. die technische Umsetzung der vorgestellten Maßnahme, jetzt im Detail ausführen.

An diesen Punkten können Sie Ihrem Publikum auch mehrere Vorschläge zur Auswahl anbieten, wie Sie Ihren Vortrag fortsetzen könnten.

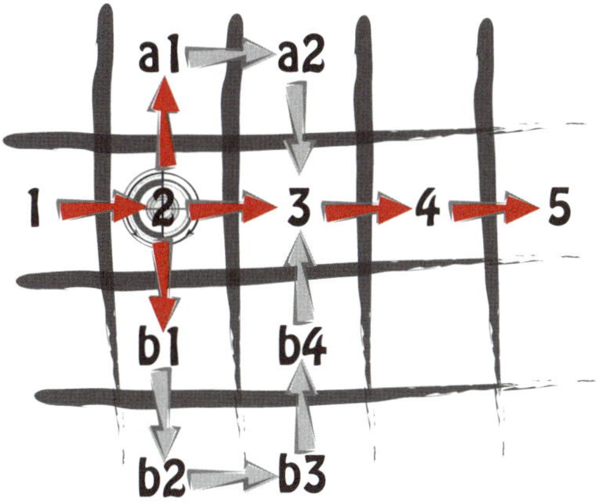

Interaction point

Beispiel

Ein Architekturbüro hat die Möglichkeit, im Rahmen einer Präsentation bei einem Kunden unterschiedlichste Beispiele für durchgeführte Projekte zu präsentieren. Der Kunde will ein neues Geschäftshaus bauen. Daher haben die Architekten Beispiele für erfolgreich realisierte Gewerbeimmobilien vorbereitet. Sie bieten diese zusammen mit anderen realisierten Projekten wie z.B. kombinierten Wohn- und Gewerbeimmobilien an einem „interaction point" als Vertiefungsmöglichkeiten an. Der Kunde entscheidet sich zur Überraschung der Architekten für nähere Infos zu einer Wohn- und Gewerbeimmobilie, weil er an dem dort eingesetzten Energiekonzept interessiert ist.

Schritt 3: Definieren der „wake up points"

Der Blick in den beruflichen Alltag zeigt, dass die Vielzahl der Meetings und Präsentationen, der Zeitstress, unter dem Aufgaben erledigt werden müssen, und die zunehmend häufiger zu findende Gewohnheit „Anklicken – rein kieken – wegklicken" die Konzentrationsspanne von Zuhörern immer weiter nach unten sinken lässt. Gleichzeitig gewinnen schnell zu konsumierende Medien, wie Facebookpostings, Twitter-Meldungen oder YouTube-Videos, immer mehr Aufmerksamkeit im normalen Tagesablauf.

Dem müssen sich mehr und mehr auch Präsentatoren im Businessalltag stellen. Mit dem iPad wird es dem Referenten leicht gemacht, sich spontan auf den Konzentrationsgrad der Gruppe einzustellen und über gezielten Medieneinsatz die Aufmerksamkeit seiner Zuhörer zurückzugewinnen.

„Wake up points" garantieren Abwechslung

Doch auch wenn spontan jederzeit ein Video eingespielt werden kann, lohnt es sich, in der Präsentation gezielt „wake up points" zu setzen. Sie wecken die Zuhörer an den wichtigen Stellen Ihrer Präsentation auf und sorgen dafür, dass die zentralen Botschaften auch wahrgenommen werden. Mit solchen Punkten erreichen Sie einen geplanten Rhythmus, in dem sich Phasen der Spannung mit Phasen der Entspannung abwechseln. Diese Abwechslung kommt der Behaltensleistung Ihrer Zuhörer entgegen: In Phasen der Entspannung ist es auch einmal möglich, gedanklich abzuschweifen und vorher Gehörtes zu verarbeiten, bevor mit einem „wake up point" die Aufmerksamkeit neu aktiviert wird und damit auch neue Inhalte gezielt aufgenommen werden können.

Wake up points

Wie Sie „wake up points" setzen

In der Grafik sind z.B. „wake up points" im Umfeld der ersten, der dritten und der fünften zentralen Botschaft gesetzt. Dadurch stellt der Redner sicher, dass er gleich am Anfang die Aufmerksamkeit seiner Zuhörer gewinnt. Im Lauf der Präsentation wird er vielleicht einige Zuhörer verlieren, z.B. dadurch, dass er bei Punkt 2 an einem „interaction point" eine Verzweigung auf Wunsch eines kleineren Teils der Zuhörerschaft wählt. Durch den „wake up point" im Umfeld von Punkt 3 konzentriert er wieder die Gesamtgruppe auf seine Inhalte, so dass auch diese Botschaft beim Publikum platziert wird. Am Ende der Rede ist dann bewusst erneut ein „wake up point" gesetzt, der einerseits den Bogen zum Anfang spannt, andererseits dafür sorgt, dass der Schlussappell des Referenten auf ein aufmerksames, weil erneut aktiviertes Publikum trifft.

> „Wake up points" können bei einer iPad gesteuerten Präsentation eingespielt werden, sie müssen es aber nicht. Als Referent entscheiden Sie in der Situation, ob das vorbereitete Medium jetzt notwendig ist, um die Aufmerksamkeit der Zuhörer wieder herzustellen, oder ob Sie darauf verzichten, da die Zeit knapp oder das Interesse der Zuhörer noch voll vorhanden ist.

Schritt für Schritt zum Präsentationsplan

1. Wählen Sie Slides mit Ihren zentralen Botschaften aus und definieren Sie damit die „trunk line".
2. Setzen Sie „interaction points" und bieten Sie damit Ihrem Publikum die Möglichkeit gezielt auszuwählen, welche Inhalte zusätzlich vertieft werden sollen.

3 Legen Sie „wake up points" fest, damit Ihre Zuhörer in ihrer Aufmerksamkeit angeregt werden und damit die wichtigen Stellen in Ihrer Präsentation auf jeden Fall wahrnehmen.

So nutzen Sie das Grid voll aus

Definieren Sie eine „wake up line"

Ergänzend zu den „wake up points", mit denen Sie eine geplante Dramaturgie etablieren, können Sie auch eine „wake up line" einfügen. Eine „wake up line" innerhalb des Grid ist eine Aneinanderreihung von Medien, welche die Hauptbotschaften der „trunk line" begleiten. Es handelt sich dabei vorrangig um Medien wie Bilder, Töne und Videos, die bei Bedarf eingesetzt werden, um die Aufmerksamkeit der Zuhörer neu zu wecken.

Beispiel

Der Eventbereich eines Unternehmens stellt im Rahmen seiner Businessplan-Präsentation die geplanten Events für die einzelnen Monate des kommenden Jahres vor. In der „trunk line" finden sich hauptsächlich Daten-Slides, da die anwesenden Entscheider primär an Zahlen wie Kosten, Mediaoutcome etc. interessiert sind. Da die beiden Referenten jedoch erwartet haben, dass die vielen geplanten Events und die damit verbundene Menge an gleichartigen Slides auf die Zuhörer ermüdend wirken wird, haben sie zu jedem geplanten Event einen kurzen Videoclip in die „wake up line" aufgenommen. Als sie merken, dass die Konzentration bei den Zuhörern nachlässt, schieben sie spontan den zum aktuellen Slide passenden Videoclip ein und gewinnen damit die Aufmerksamkeit zurück.

Welche Medien sich eignen

Bei der Auswahl der Medien für die „wake up line" sollten Sie die beiden folgenden Punkte beachten:

1 Wechseln Sie häufig zwischen unterschiedlichen Elementen wie Bildern, Tönen, Videos ab.

2 Sorgen Sie dafür, dass es immer einen inhaltlichen Bezug zwischen dem Slide der „trunk line" und dem zugeordneten Medium der „wake up line" gibt.

In der folgenden Grafik finden Sie unten eine „wake up line". Außerdem ist ein „interaction point" in die „trunk line" integriert. Ganz oben befindet sich eine Backup-Präsentation mit drei Slides (dazu später).

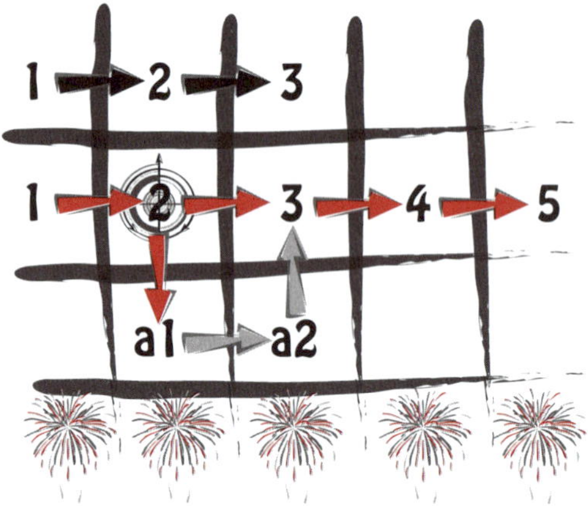

Wake up line

Als Referent sollten Sie sich vorab überlegen, was Sie sagen wollen, wenn Sie ein Medium aus der „wake up line" spontan in Ihre Präsentation einfügen. Für die Zuhörer darf es an dieser Stelle keinen Bruch geben. Wenn Sie z.B. ein Bild aufrufen, dann braucht es einen Kommentar zu diesem Bild. Ein Video braucht eine Ankündigung, warum es jetzt gezeigt wird. Nur so gehen Sie professionell mit den neuen Möglichkeiten um.

Mit dem „loop concept" argumentieren

Argumentationsketten in Präsentationen sollten gut vorbereitet werden. Eine überzeugende Argumentation besteht aus fünf aufeinander aufbauenden Schritten.

Aufbau einer Argumentation

Schritte	Was steckt dahinter?
Richtungsweisende Aussage (a)	Mit ihr wird der Schwerpunkt des nachfolgenden Arguments definiert.
Begründung (b)	Die Begründung verstärkt die Aussage und beantwortet die Frage nach dem Warum.
Faktischer Beweis (c)	Mit überprüfbaren Fakten wird die Begründung untermauert. In der Praxis sind dies in der Regel Berechnungen, Auswertungen oder gesetzliche Vorschriften.
Emotional-anschauliches Beispiel (d)	Über das Beispiel wird nach der Ansprache des rationalen Bewusstseins des Zuhörers in Schritt 3 nun seine Intuition, also das Unbewusste, angesprochen.

Schritte	Was steckt dahinter?
Schlussfolgerung/ Appell (e)	Abgeschlossen wird das einzelne Argument nun durch eine Schlussfolgerung, die sich als Konsequenz ergibt.

Beispiel

Eine konsequente Einhaltung der Lenk- und Pausenzeiten erhöht die Sicherheit im Kraftverkehr (a). Dies lässt sich damit erklären, dass die Fahrer nach einer Ruhephase konzentrierter sind und somit weniger Fehler machen (b). Eine Studie der NASA/FAA hat empirisch belegt, dass geplante Kurzschlafpausen von jeweils 40 Minuten (die zu 26 Minuten tatsächlichen Schlafes führten) bei Flugzeugbesatzungen auf Langstreckenflügen in einer stark ansteigenden Leistungsfähigkeit und Wachheit der Besatzung resultierten, verglichen mit Besatzungen, denen dieses Angebot nicht gemacht wurde (c). Vermutlich haben Sie es selber schon einmal erlebt, als Sie mit dem Auto in der Nacht unterwegs waren. Irgendwann haben Sie festgestellt, dass Ihnen kurz die Augen zugefallen sind und Sie gerade noch rechtzeitig wieder wach wurden, um Ihr Fahrzeug auf die Fahrbahn zurückzulenken. Kurz danach haben Sie eine Pause gemacht, ein paar Minuten geschlafen und sind dann erholt und ohne weitere Beinaheunfälle nach Hause gefahren (d). Deswegen, meine Damen und Herren: Reduzieren Sie das Risiko von Fahrfehlern! Halten Sie sich strikt an die gesetzlich vorgeschriebenen Lenk- und Pausenzeiten. Versuchen Sie in den Pausen auf jeden Fall ein wenig zu schlafen (e).

Mit dem „loop concept" lässt sich eine Argumentationskette ähnlich der im Beispiel aufgeführten nun ideal in die Präsentationsabfolge integrieren. Dabei müssen Sie jedoch berücksichtigen, dass auf den einzelnen Slides die Botschaften, Begründungen und Beweise natürlich visuell aufbereitet und nicht nur als Text dargestellt werden sollten, da die Medien Ihre Aussagen unterstützen und nicht etwa ersetzen sollen. Typisch für eine solche Aufbereitung ist, dass das Slide der „trunk line" sowohl die richtungsweisende Aussage (a) als auch die Begründung (b) enthält. Dies ist in der folgenden Grafik bei Punkt 2 zu sehen. Punkt 3 enthält dagegen nur die richtungsweisende Aussage.

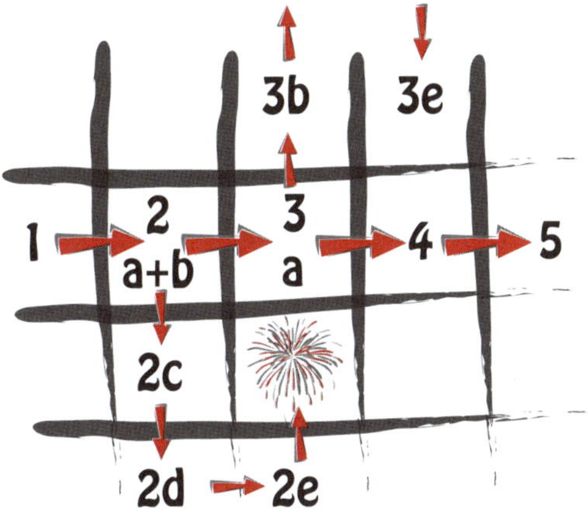

Loop concept

In der Grafik sehen Sie außerdem, dass die Argumentationskette mit 2e abgeschlossen wird und anschließend noch ein „wake up point" gesetzt wurde. Dies dient dazu, der Aussage 3a besondere Aufmerksamkeit zukommen zu lassen.

Der rationale Beweis (c) wird häufiger über Slides geführt, die entweder Excel-Tabellen, technische Zeichnungen, Screenshots, aber auch Textdokumente enthalten können. Gerade diesem Bereich sollten Sie bei einer Präsentation mit dem iPad besondere Aufmerksamkeit schenken, denn hier können Sie dessen Vorzüge voll ausspielen.

Beispiel

> So können Sie eine Excel-Tabelle zunächst vollständig zeigen, mit dem üblichen Nebeneffekt, dass kaum einer etwas lesen kann, um dann das Bild mit den Fingern aufzuziehen und die Ihnen wichtigen Details lesbar zu machen. Der rationale Beweis gewinnt damit deutlich an Durchschlagskraft.

In der deutschsprachigen Ausgabe des Harvard Business Manager aus dem Mai 2012 findet sich auf Seite 16/17 ein interessanter Beitrag von Daniel Oppenheimer. Der Professor für Psychologie an der Universität Princeton weist in einer Studie nach, dass von schwer lesbaren Texten, wie z.B. Folien mit einer zu kleinen Schriftgröße oder handschriftlicher Text, 87 % der Fakten erinnert wurden, von leicht lesbaren hingegen nur 73 %. Als Folge für Präsentationen ergibt sich daraus, dass es sinnvoll ist, Dinge, die gelernt werden sollen und bei denen es um Fakten geht, so zu präsentieren, dass dem Zuhörer eine gewisse Anstrengung abverlangt wird.

Mit der beschriebenen Art und Weise, über das iPad Fakten zu präsentieren, können Sie sowohl diesen neuen Forschungsergebnissen gerecht werden, als auch die Schwerpunkte so herausarbeiten, dass sie leichter wahrgenommen werden können. Achten Sie auf die Reaktion Ihres Publikums während des Vortrags und bieten Sie die Informationen dann in der für die Zuhörer zum aktuellen Zeitpunkt besten Art und Weise an.

Beispiel

Um seine Argumentation zu untermauern, hat der Referent ein Referenzschreiben eines Kunden als PDF-Dokument im Hochformat in seine Präsentation integriert. In diesem Dokument ist ein Bereich gelb hervorgehoben, der zunächst noch nicht deutlich lesbar ist, aber dazu führt, dass einige Zuhörer den Hals lang machen und versuchen die Information zu entziffern. Mit zwei Fingern zieht der Redner nach einem kurzen Moment der Konzentration an dieser Stelle sein Dokument größer auf. Jetzt können die Zuhörer deutlich lesen, dass ein zufriedener Kunde die Termin- und Kostentreue des präsentierenden Ingenieurbüros ausdrücklich lobt.

Als emotional-anschauliches Beispiel (d) werden auf dem nächsten Slide dann in der Regel Bilder oder Videos eingesetzt. Auch hier kann man sich eine Besonderheit der iPad-Präsentation zunutze machen. Während in „normalen" Präsentationen auf Folien platzierte Bilder oder Videos sich dem Layout der Folie unterordnen müssen – dies ist in der Regel über die CI-Vorgaben des Unternehmens so geregelt – können bei der iPad-Präsentation Bilder und Filme im Original gezeigt werden. Das heißt ohne Logo, das volle Beamerbild ausfüllend. Dadurch gewinnen die Bilder und Videos an Kraft und emotionaler Wirkung. Genau das also, was mit der Stufe (d) erreicht werden soll.

Häufig wurde in der Vergangenheit die Anforderung, Bilder und Videos in das CI einzuordnen, damit begründet, dass in einem Ausdruck die Zuordnung zum Unternehmen gewährleistet werden sollte. Dies gilt heute grundsätzlich zwar immer noch. Allerdings ist inzwischen über das Internet, ich nenne hier nur YouTube, ein frei zugänglicher Medienpool entstanden, der sich optimal für „wake up points" oder Praxisbeispiele nutzen lässt. Nur selten entspricht jedoch das Format oder die Darstellungsform solcher Medien den Richtlinien im eigenen Unternehmen. Auch ist die rechtliche Frage in Bezug auf die Nutzung der Medien nicht immer geklärt, wenn auch gerade Filme häufig unter der sog. Creative Commons License freigegeben sind und somit legal genutzt werden dürfen (mehr dazu unter http://creativecommons.org). Insofern ist eine Nutzung ohne Verbindung zum eigenen Unternehmenslogo und nur in der jeweiligen Veranstaltung eine Möglichkeit, die dem Referenten mehr Freiheiten einräumt. Schließlich wäre es schade, die neuen Gestaltungsmöglichkeiten nicht zu nutzen, nur weil die CI-Vorgaben eng gefasst sind. In den Ausdruck werden diese Medien daher auch nicht aufgenommen.

Nie wieder suchen: Backup-Präsentationen integrieren

Beispiel

Dem Referenten wird eine Frage gestellt. Er ist sich sicher, dass er die Antwort über eine andere Präsentation optimal visualisieren kann. Sofort unterbricht er seine aktuelle PowerPoint-Präsentation, durchsucht sein Dateiverzeichnis – mit interessanten Einblicken für die Zuhörer – und öffnet schließlich die gesuchte Präsentation. Vorausgesetzt, er findet sie im ersten Anlauf. Hat er dann auch noch die gewünschten Folien herausgesucht, geht der Vortrag endlich weiter.

Im Grid wäre ihm das nicht passiert. Denn im Grid lassen sich beliebig viele Präsentationen anordnen, so dass der Referent alle Informationen, die er benötigt, direkt zur Verfügung hat. Außerdem bieten nahezu alle Apps die Möglichkeit, das über den Beamer projizierte Bild einzufrieren und im Hintergrund Informationen aufzurufen, die Sie im Grid angeordnet haben, ohne dass Ihre Zuhörer dies mitverfolgen können.

Schritt für Schritt zur Backup-Präsentation im Grid

1. Stellen Sie Ihre Basis-Präsentation inklusive aller Verzweigungen fertig.
2. Laden Sie die Medien für Ihre Backups in das aktuelle Grid.
3. Löschen Sie Medien, die Sie bereits in Ihre Basis-Präsentation integriert haben.
4. Ordnen Sie die Medien der Backup-Präsentation linear in einer bisher nicht benötigten Zeile oberhalb oder unterhalb der Basis-Präsentation an. Verzichten Sie hier auf „interaction points", da die Nutzung der Backup-Präsentation selber Folge einer ungeplanten Interaktion ist.
5. Verschieben Sie ggf. den Beginn der Backup-Präsentation über das Slide, bei dem Sie damit rechnen, dass eventuell eine Rückfrage kommen könnte, die den Zugriff auf die Backup-Präsentation notwendig macht. Wenn Sie z.B. damit rechnen, dass zu den finanziellen Aspekten noch Fragen kommen, dann sollten Sie am Ende des Finanzparts die Backup-Slides über das letzte Slide des Finanzparts platzieren. Sollten Sie dies nicht einschätzen

können, beginnen Sie immer über Slide 1 der Basis-Präsentation. So finden Sie die Slides schneller.

Lineare Präsentationen im natürlichen Rhythmus

Beispiel

Stellen Sie einmal eine Gruppe von Menschen miteinander in einem Kreis auf und fordern Sie sie auf zu klatschen. Nach einem zögerlichen Beginn wird sich nach und nach ein Rhythmus finden, der von allen aufgenommen wird. Dann wird dieser Rhythmus immer schneller, kommt irgendwann zu einem gemeinsamen Höhepunkt, um anschließend bei lachenden Gruppenmitgliedern zu kollabieren. Die Energie ist raus. Wenn die Gruppe jetzt nicht unterbrochen wird und die Aufforderung zu klatschen weiterhin gilt, wird sich nach einer gewissen Zeit der Ermattung und Orientierungslosigkeit –erkennbar an halbherzigen Klatschern – erneut ein gemeinsamer Rhythmus ausbilden und zu einem neuen Höhepunkt führen.

Egal, wo Sie diese Übung auf der Welt anleiten, Sie werden immer wieder den gleichen Ablauf erleben. Eine gute linear aufgebaute Präsentation bedient daher diesen Rhythmus. Phasen voller Energie werden abgelöst durch Phasen der Entspannung und Verarbeitung des zuvor Erlebten. Die Abwechslung wird von Anfang an in das Konzept einbezogen.

So planen Sie Ihre Präsentation

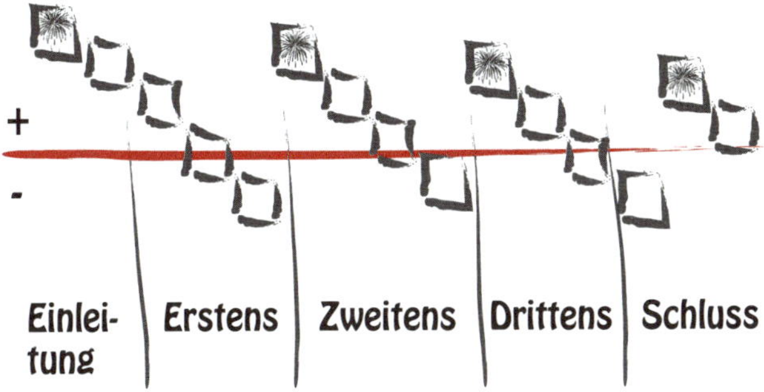

Lineare Präsentation

1 **Der Anfang:** Um die Zuhörer auf Ihre Präsentation einzustimmen, sollte am Anfang ein „Hallo-Wach-Effekt" stehen. In Zeiten von iPad-Präsentationen ist dies inzwischen häufiger ein kurzes YouTube-Video, welches die Zuhörer auf die Inhalte einstimmt. Damit setzen Sie das Energielevel der Zuhörer hoch und haben von Anfang an deren Aufmerksamkeit.

2 **Begrüßung und Vorstellung der Gliederung:** Es folgt der klassische Begrüßungs- und Agendablock.

3 **Slides:** Anschließend beginnen Sie mit den Slides Ihrer Präsentation. Sie sollten darauf achten, die Slides in absteigender Bedeutung aufeinander folgen zu lassen. Denn die Aufmerksamkeit der Zuhörer wird nach dem hohen Energielevel vom Anfang relativ schnell wieder nachlassen. Es folgt eine Phase der Entspannung und Unkonzentriertheit.

4 **Wechsel zwischen „wake up points" und normalen Inhalten:** Vor dem nächsten wichtigen Punkt planen Sie daher erneut ein Highlight als „wake up point" mit ein. Auch hier macht es Sinn, sich der multimedialen Möglichkeiten des iPad zu bedienen und z.B. ein Foto zu zeigen. Allerdings sollten Sie meiner Ansicht nach nicht ausschließlich auf die technischen Gimmicks setzen, denn am Ende überzeugt nicht die Technik, sondern der Redner mit seiner Persönlichkeit.

5 **Nach diesem Highlight folgt dann wieder ein normaler Abschnitt.** Die Aufmerksamkeit der Zuhörer baut sich langsam wieder ab, bevor erneut vor dem nächsten wichtigen Punkt ein weiteres Highlight eingebaut wird. Typischerweise kündigen die „wake up points" den Wechsel von einem Gliederungspunkt zum nächsten an. Nur bei sehr langen Gliederungsabschnitten wird zwischenzeitlich nochmals ein ergänzender „wake up point" gesetzt.

6 **Ende der Präsentation:** Dem finalen Präsentationsende geht dann ein knappes Summary voraus, bevor mit einem weiteren Höhepunkt die Präsentation abgerundet wird. Haben Sie z.B. am Anfang ein Video gewählt, bietet es sich an, zum Schluss auf dieses Video zurückzukommen – entweder mit dem zweiten Teil des Films oder durch ein Szenenfoto mit Kommentar. Damit wirkt Ihre Präsentation in jedem Fall rund.

7 **Schlusssatz:** Der letzte Satz in Ihrer Präsentation ist dann der Appell, der die Zuhörer zur Tat auffordert. Auf keinen Fall sollte es die klassische Folie mit dem Satz „Vielen Dank für Ihre Aufmerksamkeit" sein.

Beispiel

Ein Referent präsentiert sein technisches Thema. Schon während der Präsentation merkt er, dass er sein Publikum nicht erreichen kann. Seinen Zuhörern fehlt der notwendige technische Hintergrund. Aufgrund seiner Vorbereitung auf eine technisch versierte Zielgruppe sieht er keine Möglichkeit, seinen Vortrag spontan an die neuen Gegebenheiten anzupassen. Die Zuhörer werden immer unaufmerksamer, beschäftigen sich mit ihren Smartphones und gleiten nach und nach ab. Endlich bei der letzten Folie und somit am Ende seines Vortrags angekommen, schließt der Referent mit den Worten: „Gibt es noch irgendwelche Fragen? Nein? Dann ...", und jetzt zeigt er auch noch die passende Folie dazu, „...Vielen Dank für Ihre Aufmerksamkeit."

Hat er den Satz wohl ironisch gemeint? Oder wie ist dieser Satz vor dem geschilderten Hintergrund sonst zu interpretieren? Wie konnte er bei der Folienerstellung überhaupt wissen, dass er über ein aufmerksames Publikum verfügen würde, bei dem dieser Dank angemessen ist? Besser hätte er ganz auf die Floskel verzichtet und stattdessen mit dem Appell geendet, „Fragen Sie künftig Ihre Lieferanten danach, ob die Spezifikation im Bereich XY auch die vorgestellten geänderten DIN-Vorschriften erfüllt". Dann könnte er mit einem Kopfnicken das Ende seines Vortrags signalisieren und souverän abtreten.

Unverzichtbar für alle Vorträge: der rote Faden

Generell ist der optimale rote Faden in einer Präsentation davon abhängig, was Sie sagen und zu wem Sie sprechen. Dennoch gibt es einige wenige Eckpfeiler, an denen Sie sich orientieren sollten.

Steigen Sie offensiv ein

Wenn im Fernsehen vor der Werbepause erst einmal das Intro des Senders kommt, hat es der erste Werbefilm bei den heutigen Sehgewohnheiten schwer, überhaupt noch Aufmerksamkeit zu finden. Zu schnell machen die Zuschauer „Zapp" und wechseln den Kanal. Auch bei der Rede ist ein guter Anfang ein wichtiger Gesichtspunkt. Gelingen Ihnen die ersten Worte, gewinnen Sie die Aufmerksamkeit Ihrer Zuhörer. Daher gehört an den Beginn einer Rede ein inhaltlicher Aufhänger.

Beispiel

Meine Damen und Herren, wollen Sie künftig Ihre Steuergelder direkt nach Griechenland oder Spanien überweisen?

Ich nehme an, ich deute Ihr Kopfschütteln richtig als Nein. Daher werde ich Ihnen gleich zeigen, wie Sie politisch aktiv werden können, um dieses Szenario zu verhindern.

Herzlich willkommen!

Anschließend fahren Sie mit der Begrüßung der Zuhörer und einer Agenda fort.

Stellen Sie wichtige Aspekte an den Anfang und ans Ende

Die einzelnen Gliederungsabschnitte gestalten Sie am besten so, dass immer am Anfang eines jeden Abschnitts die zentrale These oder das Ergebnis steht. Anschließend begründen Sie Ihre These oder erklären, wie Sie das vorgestellte Ergebnis hergeleitet haben. Am Ende des jeweiligen Gliederungsabschnittes wiederholen Sie dann die zentrale These pointiert.

Formulieren Sie dazu Ihre Inhalte wie einen Werbeslogan aus. Ideal ist es, wenn Sie dafür rhetorische Stilmittel nutzen wie die Alliteration, eine Klimax oder auch mal einen Reim (siehe hierzu sogleich). Damit werden die Dinge auf den Punkt gebracht.

Beispiel

Die folgenden Beispiele wurden von Rednern am Ende einzelner Redeabschnitte unter Verwendung rhetorischer Figuren eingesetzt:

„So realisieren wir reale Rendite!" – Alliteration: Bedeutungstragende Worte beginnen mit dem identischen Anlaut. Hier immer *re*: realisieren, reale, Rendite.

„5 % in 2009, 8 % in 2010, 15 % in 2011, die Wachstumsraten sprechen eine klare Sprache." – Klimax: Steigerung vom Kleinen, hier 5 %, zum Großen, hier 15 %. Die Klimax wird im Regelfall in drei Schritten durchgeführt.

„Be king of the ring!" – Reim in klassischer Variante: Inhalte werden damit so formuliert, dass sich die Zuhörer hinterher noch gut daran erinnern können.

Enden Sie mit Schwung

Auch bzw. gerade am Ende einer Rede benötigen Sie nochmals die volle Aufmerksamkeit Ihres Publikums. Beziehen Sie daher in einer Schlusszusammenfassung nochmals klar Stellung. Das Publikum schätzt Redner, die eine klar formulierte eigene Meinung vertreten. Idealerweise nutzen Sie für die Zusammenfassung rhetorische Stilmittel wie die Anapher oder Epipher, da diese Figuren durch ihren Rhythmus Ihrem Vortrag nochmals Schwung geben.

Beispiel

„Mit Ihrem Engagement, mit Ihrem Fachwissen und mit Ihrem Teamgeist werden wir unserer Entwicklung einen neuen Schub geben." – Anapher: Jeder Satzteil beginnt mit der identischen Formulierung, hier mit Ihrem". Ein Summary lässt sich so optimal einleiten.

„Um unsere Projekte zukünftig im Zeitplan zu realisieren, benötigen wir eine verlässliche Ressourcenplanung. Um zeitraubende Abstimmungen zwischen den Abteilungen zu vermeiden, brauchen wir eine verlässliche Ressourcenplanung. Um Kostensicherheit in den Projekten gewährleisten zu können, brauchen wir eine verlässliche Ressourcenplanung." – Epipher: Jeder Satz endet mit der gleichen Formulierung, hier mit „brauchen wir eine verlässliche Ressourcenplanung". Mit der Epipher lässt sich zum Abschluss einer Rede ein bestimmter Aspekt nochmals bewusst verstärken.

Dann schließen Sie den Bogen und knüpfen nochmals an Ihren Anfang an. Haben Sie, wie in dem am Anfang dieses Kapitels aufgeführten Beispiel, mit einer Frage begonnen, dann sollten Sie diese am Ende nochmals wiederholen und beantworten.

Und schließlich: Der letzte Satz Ihrer Rede ist eine Aufforderung an das Publikum, ein Appell, Ihre Inhalte für den eigenen Alltag zu nutzen.

> Die Verwendung von rhetorischen Stilmitteln zeichnet einen guten Redner aus. Ich empfehle Ihnen dringend, sich bei den Stilmitteln großzügig zu bedienen, da Sie damit Inhalte betonen können und die Kraft der freien Rede mit ihnen deutlich gewinnt.

Schmuck für Ihre Rede: rhetorische Stilmittel

Im Folgenden habe ich zusätzlich zu den bereits genannten Stilmitteln noch weitere wichtige rhetorische Stilmittel zusammengestellt und dabei herausgearbeitet, für welche Zwecke Sie welche Figuren besonders gut einsetzen können.

Stilmittel zur Hervorhebung sachlicher Aspekte

- **Geminatio:** Wiederholung eines einzelnen Wortes oder einer einzelnen Zahl. Beispiel: „98 %, 98 % unseres Entwicklungsbudgets ..." Wirkung: Dieses Mittel wird meist dazu verwendet, einen bestimmten Aspekt, wie hier die einzelne Zahl, besonders hervorzuheben.
- **Antiklimax:** Bei dieser Figur wird stufenweise von groß nach klein abgestuft. Beispiel: „Mercedes, Polo, Smart – die Zukunft des innerstädtischen Verkehrs geht in Richtung der Klein- und Kleinstwagen." Wirkung: Antiklimax und Klimax (die Steigerung von klein nach groß) werden häufig dazu eingesetzt, einen Trend plastisch darzustellen. Außerdem liegt die Betonung bei diesen Stilmitteln stets auf dem letztgenannten Wert oder Ausdruck. Bei der Klimax auf dem hohen Wert, bei der Antiklimax auf dem kleinen Wert. Wenn Sie anstelle der Automarken Zahlenwerte einsetzten, wäre die Wirkung ähnlich wie bei der Geminatio. Daher ist auch diese Figur gut für Sachvorträge mit hohem Zahlenanteil geeignet.
- **Redditio:** Wiederholung eines Wortes/eines Halbsatzes am Anfang und am Ende eines Satzes. Beispiel: „1,2 Mio. EUR

Strafzahlungen bei einem einzigen Kunden, 1,2 Mio. EUR!" Wirkung: Eine besondere Relevanz erhält der Wert 1,2 Mio. EUR hier dadurch, dass am Satzende der Wert erneut wiederholt wird. Allerdings sollte zur Unterstreichung am Ende auch die Betonung auf den bedeutungstragenden Begriff gelegt werden.

- **Correctio:** bewusste Korrektur des zuvor Gesagten. Beispiel: „Meine Damen und Herren, 250.000, nein 256.000 neue Mitglieder in den letzten zwei Monaten!" Wirkung: Die Idee dieser Figur besteht darin, dass Zuhörer dann besonders aufmerksam werden, wenn der Standardvortragsrhythmus durch ein Ereignis unterbrochen wird. Eine absichtlich eingefügte Korrektur, sozusagen ein gewollter Versprecher, stellt eine solche Unterbrechung dar und lenkt das Augenmerk des Zuhörers auf den korrigierten Punkt.

Stilmittel zur Emotionalisierung einer Rede

- **Metapher:** Verbildlichen eines Redegegenstandes. Beispiel: „Das Hamsterrad, in dem wir uns bewegen, fordert all unsere Energie, ohne dass ein Fortkommen sichtbar wird." Wirkung: In Metaphern zu sprechen, bedeutet, Dinge, die für sich ausgedrückt kalt und nüchtern wirken, zu verbildlichen und im Regelfall dadurch zu emotionalisieren. Das Hamsterrad in diesem Beispiel wirkt wesentlich stärker als der Satz: „Wir arbeiten intensiv an dieser Thematik, ohne einen erkennbaren Fortschritt zu erzielen."
- **Allegorie:** über die Metapher hinausgehende bildliche Umschreibung eines Sachverhalts. Beispiel: „Vor uns liegt eine Reise voller Gefahren, eine Überfahrt geprägt von Untiefen,

Stürmen und Piraten. Vor uns liegt ein Abenteuer." Wirkung: Die Allegorie wird meist dann verwendet, wenn es darum geht, auszuschmücken und starke emotionale Bilder in den Köpfen der Zuhörer entstehen zu lassen. Damit solche Bilder entstehen, braucht es mehr schmückende Worte, als sie z.B. eine Metapher umfasst.

- **Anekdote:** kurze, meist unterhaltsame Geschichte aus dem Erfahrungsschatz des Redners. Beispiel: „Manchmal ist die Wirklichkeit anders, als man erwartet. So hielt ich neulich an einem Parkplatz und sah eine Frau aus dem Gebüsch kommen. ‚Da pinkelt wieder mal jemand hinter die Sträucher.`, dachte ich. Als ich näher kam, weinte sie, da ihr Hund davon gelaufen war und sie ihn nicht wieder finden konnte." Wirkung: Anekdoten werden in der Regel dazu eingesetzt, um abstrakten Sachverhalten mittels einer persönlichen Geschichte Glaubwürdigkeit zu verleihen, Beispiele zu geben oder zu emotionalisieren.

Stilmittel zur rhythmischen Veränderung einer Rede

- **Exclamatio:** Ausruf. Beispiel: „`Verdammt!` möchte man fluchen, wenn man sieht, was in unserer Fertigung alles schief läuft." Wirkung: Die Exclamatio wird benutzt, um stimmlich einen deutlichen Akzent zu setzen und dadurch das Publikum wieder zu aktivieren. Hierbei ist es von zentraler Bedeutung, dass der Redner aus seiner gewohnten Stimmlage ausbricht und zum Beispiel deutlich lauter wird oder seiner Stimme einen entsetzten Ton verleiht.

- **Onomatopoesie:** Lautmalerei. Beispiel: „Ratatatatatat. Der Kamerad neben ihnen bricht getroffen zusammen. Sie können sich nicht ausmalen ..." Wirkung: Das akustische Merkmal einer Situation wird über dieses Stilmittel herausgearbeitet und versinnlicht für die Zuhörer die Situation.

Stilmittel zur Aktivierung des Publikums

- **Sermocinatio:** fiktives, einer Person in den Mund gelegtes Zitat. Beispiel: „Investitionen in die Mitarbeiter sind Investitionen in die Zukunft. So soll sich unser Vorstand bei der letzten Betriebsversammlung geäußert haben." Wirkung: Mit einer Sermocinatio werden in der Regel zwei Ziele verfolgt:
  - Wird einer bekannten, nicht anwesenden Person eine mögliche Aussage in den Mund gelegt, so wirkt dies wie eine Verstärkung der eigenen Worte und weckt die Aufmerksamkeit der Zuhörer kraft Namens.
  - Wird das fiktive Zitat einer anwesenden Person in den Mund gelegt, so rückt diese sofort in das Zentrum der Aufmerksamkeit. In beiden Fällen wird das Publikum aktiviert.
- **Katachrese:** falsche Verbindung von zwei bekannten Bildern. Beispiel: „Die Art der gewählten Krisenkommunikation ist für mich Musik am Ende des Tunnels." Wirkung: Da der Zuhörer etwas anderes erwartet, hier „Musik in meinen Ohren", dafür aber einen anderen unvollständigen Sachverhalt präsentiert bekommt, nämlich „Licht am Ende des Tunnels", wird er angeregt mitzudenken, was der Redner gemeint hat. Dadurch wird er wieder aktiviert.

Viele Kurzvideos zu Stilmitteln finden Sie unter http://www.rhetoflu.com/business-videos.html.

Auf einen Blick: Vorbereiten einer iPad-Präsentation

- Es gibt verschiedene Wege, Dateien in Ihre Präsentation zu integrieren: Ein Transfer von Ihrem Rechner auf das iPad ist z.B. über die Dropbox, via E-Mail-Anhang oder über iTunes möglich.
- Präsentationen im Grid sollten gut vorbereitet werden, damit Sie das Raster optimal ausnutzen können. Dazu gehört es, in einem Konzept die wesentliche Linie, die „trunk line", und besonders wichtige Stellen, wie z.B. interaction und wake up points zu definieren. Ebenso wichtig ist es für Nachfragen Ihres Publikums Backup-Präsentationen zu integrieren.
- Lineare Präsentationen am iPad sollten dem natürlichen Aufmerksamkeitsrhythmus des Publikums folgen
- Sowohl für lineare Präsentationen als auch für Vorträge im Grid gilt: Der rote Faden sollte sich mit System durch die gesamte Rede ziehen, damit Sie die Aufmerksamkeit Ihres Publikums nicht verlieren.

Während der Präsentation

Ein Tablet – unzählige Möglichkeiten. Das iPad eignet sich nicht nur zum Präsentieren. Es ersetzt auch viele Hilfsmittel, die nützlich bei Rede und Vortrag sind.

In diesem Kapitel erfahren Sie u.a.,

- wie Sie das iPad zur PowerPoint-Fernsteuerung machen,
- warum es sich auch gut als Flipchart oder Whiteboard eignet,
- wie es als Teleprompter, Videokamera und Redezeit-Timer eingesetzt werden kann.

Einfach: das iPad als PowerPoint-Fernsteuerung

Seit Jahren schon gibt es Fernsteuerungen für PowerPoint-Präsentationen. Dennoch begegnen mir in meinen Seminaren immer wieder Menschen, die PowerPoint mit den Tasten auf ihrem Notebook oder mit einer normalen Funkmaus fernsteuern. Damit verschenken sie jedoch eine Vielzahl an Möglichkeiten, die das Präsentieren komfortabler machen:

- schnelles Vor und Zurück mit einem Klick
- Monitor kurzfristig auf Schwarz schalten
- vibrierender Timer, der Warnzeichen gibt, wenn die Redezeit knapp wird
- integrierter Laserpointer

Doch auch wenn Redner eine Fernsteuerung verwenden und somit die oben genannten Funktionen nutzen können, so fehlt den meisten beim Präsentieren mit dem Notebook die Folienvorschau und Notizfunktion. Häufig kann nämlich das Notebook mit der Referentenansicht nicht so platziert werden, dass jederzeit der Blick auf den Monitor möglich ist.

Aus diesem Grund gibt es zahlreiche Apps, die ausschließlich dafür entwickelt wurden, PowerPoint auf dem Notebook mit dem iPhone oder mit dem iPad fernzusteuern. Diese Apps verfügen über die oben genannten Funktionen zur Steuerung der PowerPoint-Präsentation und bieten darüber hinaus noch die Option, sich eine Folienvorschau oder die Referentennotizen auf dem Gerät anzuzeigen. Damit spielt es keine Rolle mehr, wo Sie Ihr Notebook im Raum platzieren. Ein Blick auf das Gerät in Ihrer Hand reicht aus, und Sie haben den Überblick.

So schaffen Sie die technischen Voraussetzungen

Um Ihre PowerPoint-Präsentation auf Ihrem Notebook mit dem iPad, einem iPhone oder einem anderen Smartphone mit installierter App fernzusteuern, gehen Sie wie folgt vor:

1. Installieren Sie auf Ihrem mobilen Gerät zunächst einmal die passende App. Ich verwende dazu zur Fernsteuerung meiner auf dem MacBook laufenden PowerPoint-Präsentationen die App i-Clickr. Verwende ich ein Notebook mit Windows, so setze ich stattdessen die App Slideshow Remote™ für PowerPoint ein.
2. Um nun zur jeweiligen App eine Verbindung von Ihrem Notebook aus herstellen zu können, ist es notwendig, dass Sie sich von der Seite des jeweiligen Herstellers das passende Programm zu Ihrer App für Ihr jeweiliges Betriebssystem herunterladen und installieren. So bietet die Firma Senstic ergänzend zur App i-Clickr z.B. kostenfreie Programme für Windows oder Apple an, die Sie auf dem Notebook installieren müssen, bevor Sie die App mit dem Notebook verbinden können.
3. Anschließend sorgen Sie dafür, dass sowohl das mobile Gerät, als auch das Notebook im gleichen WLAN eingebucht sind.

4 Schließen Sie Ihr Notebook konventionell an den Beamer an und starten Sie anschließend zuerst auf dem Notebook die Serveranwendung und dann auf dem iPad, iPhone oder Smartphone die zugehörige App. Automatisch versuchen sich nun die beiden Geräte zu verbinden. Sollte dies nicht gelingen, so müssen Sie die IP-Adresse, die Ihnen von der Serveranwendung auf Ihrem Notebook angezeigt wird, selber an Ihrem iPad in dem vorgesehenen Fenster der App eingeben.

5 Sobald die Verbindung hergestellt wurde, können Sie Ihre PowerPoint-Präsentation starten. Bei i-Clickr werden Sie direkt in der App dazu aufgefordert, eine Präsentation auszuwählen. Diese wird anschließend direkt auf Ihrem Notebook gestartet. Jetzt können Sie präsentieren.

Schritt-für-Schritt: So machen Sie Ihr Notebook und iPad für die Präsentation startklar

1 Verbinden Sie Ihr Notebook mit einem aktiven WLAN.

2 Verbinden Sie Ihr iPad mit demselben WLAN, in dem sich auch Ihr Notebook befindet.

3 Verbinden Sie Ihr Notebook mit dem Beamer über das normale VGA-Beamer-Verbindungskabel.

4 Starten Sie auf Ihrem Notebook die zu Ihrer Fernsteuerungsapp gehörende Serveranwendung, z. B. i-Clickr-Mac.

5 Starten Sie auf Ihrem iPad die Fernsteuerungsapp z. B. i-Clickr.

6 Warten Sie, bis sich die beiden Geräte automatisch verbunden haben oder wählen Sie die manuelle Verbindung und geben Sie die angezeigte IP-Adresse Ihres Notebooks auf dem iPad ein.

7 Öffnen Sie auf Ihrem Notebook PowerPoint und die gewünschte Präsentation.

8 Starten Sie in PowerPoint den Präsentationsmodus.

Sollten Sie in Ihrem Präsentationsraum nicht über ein geeignetes WLAN verfügen, so können Sie entweder einen eigenen WLAN-Hotspot einrichten oder Sie aktivieren auf Ihrem Notebook ein ad hoc WLAN. Die letztgenannte Methode liefert Ihnen ein schnelles und zuverlässiges Netzwerk, setzt aber einiges an technischer Kenntnis voraus, um den Rechner entsprechend zu konfigurieren.

Notizfunktionen nutzen

Apps, mit denen Sie PowerPoint oder Keynote auf Ihrem Notebook fernsteuern, haben für den Redner – wie auch bei Präsentationen mit Keynote – den wesentlichen Vorteil, dass er sich seine Notizen anzeigen kann und nicht den vollständigen Text auf der Folie unterbringen muss. In der folgenden Abbildung sehen Sie, wie die Darstellung dann auf Ihrem iPad aussieht.

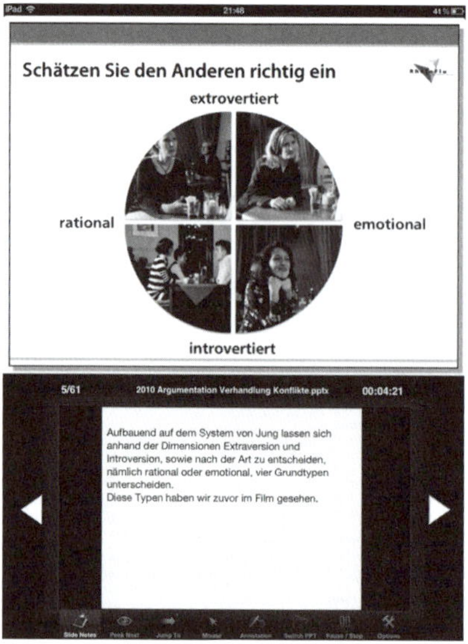

Slide mit Notes

Aus Sicht Ihrer Zuhörer haben Sie eine Art DIN A5-Block in der Hand, nur dass Sie anstelle handschriftlicher Notizen Ihre Folie und gut lesbaren gedruckten Text sehen können.

> Wenn Sie die Notizen in PowerPoint bewusst nutzen, dann können Sie diese auch sehr gut für Ihre Handouts verwenden. Wählen Sie dazu einfach im Drucken-Dialog statt Folien die Option „Notizen". Sie erhalten dann Ausdrucke im DIN A4 Format, auf denen oben die Folie und im unteren Teil der Notizentext gedruckt wird. Somit haben Ihre Zuhörer nach dem Vortrag alle Informationen auch schriftlich zur Verfügung.

Zwischen Folien und Präsentationen springen

Anstelle der Rednernotizen können Sie sich natürlich auch das jeweils nächste Slide anzeigen lassen. Diese Funktion hilft dabei, den Übergang von einem Slide zum nächsten spannend zu gestalten und damit die Aufmerksamkeit zu erhöhen.

Beispiel

Der Redner nähert sich dem Höhepunkt seiner Präsentation. Auf dem nächsten Slide wird er ein Foto des ersten Prototyps zeigen, auf den alle gewartet haben. Während er noch auf dem letzten Slide bei den Entwicklungsrahmenbedingungen verweilt, kündigt er das nächste Slide wie folgt an: „Meine Damen und Herren, all diese Überlegungen haben dazu geführt, dass wir einen vollständig neuen, was sage ich, einen geradezu futuristischen Ansatz für die Umsetzung gewählt haben. Das – (klick) clean look concept!"

Wie anders hört sich ein solcher Übergang an und wie viel spannender ist ein solcher Wechsel, als wenn der Redner erst das Slide mit dem Prototyp einblendet, weil er sich nicht sicher ist, welches Slide als nächstes kommt, und dann das Konzept benennt.

So springen Sie zu einer anderen Folie

Ähnlich wie bei den Präsentationen im Grid können Sie auch bei konventionellen PowerPoint-Präsentationen Folien überspringen oder gezielt aufrufen. Direkt am Notebook geht das so: Sie geben entweder die Foliennummer ein, also z.B. 8, und bestätigen dies mit Return. Oder Sie haben die Referentenansicht aktiviert und scrollen mit der Maus zur gewünschten Folie, ohne dass die Zuschauer die dazwischen liegenden Folien zu sehen bekommen.

Die wenigsten Redner bereiten sich jedoch mit Foliennummern vor. Nur wenige nutzen in der Praxis die Referentenansicht. Daher sieht es häufig so aus, dass der Redner den Präsentationsmodus verlässt, im Arbeitsmodus durch die Folien blättert und anschließend den Präsentationsmodus erneut startet. Alles kann dabei vom Publikum mitverfolgt werden.

Wenn Sie PowerPoint mit dem iPad steuern, dann wird Ihnen eine „jump to"-Funktion zur Verfügung gestellt. Mit dieser können Sie durch den gesamten Foliensatz blättern und dann gezielt mit einem Tipp das Slide auswählen, das Sie benötigen, ohne dass die Zuschauer davon etwas bemerken.

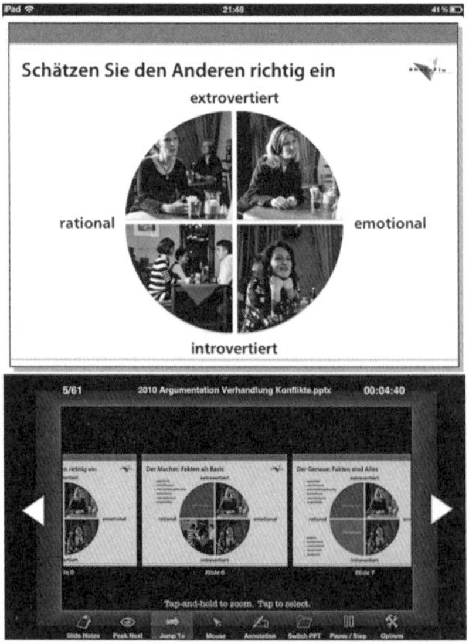

Slide mit jump to

> Beachten Sie jedoch, dass es bei Slides, die z. B. hochauflösende Grafiken enthalten, einen Moment dauern kann, bis die Daten vom iPad an Ihr Notebook übertragen wurden. Ich habe hier schon öfter Wartezeiten von 2 bis 3 Sekunden gehabt. Bei einem ungeduldigen Referenten löst dies häufig den Reflex aus, ein zweites Mal zu tippen, was zur Folge hat, dass dann die auf das Zielslide folgende Folie angezeigt wird.

So springen Sie zu einer anderen Präsentation

Theoretisch ist es auch möglich, dass Sie aus der laufenden Präsentation heraus eine andere Präsentation starten und auf den dortigen Foliensatz zugreifen. Bei i-Clickr heißt die Funktion dafür „switch ppt". Allerdings passiert dabei Folgendes: Auf Ihrem Notebook wird der Präsentationsmodus der aktuellen Präsentation verlassen, die gewünschte neue Präsentation wird aus dem Verzeichnis heraus gestartet, in dem sie abgespeichert war und im Präsentationsmodus geöffnet. Das alles geschieht zwar deutlich schneller, als Sie es mit der Hand könnten, allerdings wird das gesamte Manöver trotzdem sichtbar vor den Augen der Zuhörer ausgeführt und über den Beamer an die Wand projiziert.

Um dies zu vermeiden, empfehle ich Ihnen, dass Sie alle Folien, die Sie eventuell benötigen, in die zentrale Präsentation an das Ende kopieren. Damit wird zwar der Foliensatz größer, Sie können jedoch mit der „jump to"-Funktion springen, ohne dass Ihr Publikum davon etwas merkt.

Schwarzer Bildschirm: Chance zur Pause und für Dialog

Beispiel

Nach einem meiner Seminare wurde in der internen Mitarbeiterzeitschrift des mich beauftragenden Unternehmens einmal eine Glosse veröffentlicht, in der angesprochen wurde, dass Vorträge à la Flume künftig nur noch aus schwarzen Folien bestehen würden.

Auch wenn das in dieser Form natürlich übertrieben ist, so bietet die Möglichkeit, innerhalb einer Präsentation bewusst einmal eine schwarze Folie zu integrieren, Vorteile. Der Referent tritt plötzlich selber wieder mehr in den Mittelpunkt. Dialoge und Diskussionen lassen sich ohne ablenkende Folie im Hintergrund führen. PowerPoint bietet schon lange die Funktion, auch spontan den Bildschirm auf schwarz oder weiß umzuschalten, um einen neutralen Hintergrund zu erhalten. Dies geschieht über die Tastatur, indem Sie die Tasten B für Black oder W für White drücken.

In die Fernsteuerungsapps wurde diese Funktion daher auch übernommen. Bei i-Clickr betätigen Sie einfach die Taste Pause / Stop und können dann entscheiden, ob Sie die Präsentation nur kurz unterbrechen und dafür einen schwarzen Monitor anzeigen lassen oder ob Sie die Präsentation beenden wollen. Als Standard ist dort sinnvollerweise die Schwarz-Option voreingestellt, für eine weiße Folie müssten Sie die Grundeinstellung in den Optionen verändern.

Ich empfehle Ihnen in jedem Fall bei Schwarz zu bleiben, da Sie damit auch unbesorgt vor den Beamerstrahl treten können. Bei Weiß werfen Sie, außer in sehr hellen Räumen, immer einen Schatten oder bekommen in engen Räumen ein weißes Rechteck auf die Brust projiziert. Das könnte von Ihren Ausführungen ablenken.

Spontan: das iPad als Flipchart oder Whiteboard

Das Problem ist so alt, wie das Medium Flipchart/Whiteboard selbst. Der Redner oder Moderator geht zum Flipchart, schnappt sich einen der Stifte und beginnt seine Ideen zu visualisieren. Das heißt, er plant dies zu tun, denn bevor er seine spontan und souverän entwickelte Grafik sichtbar für sein Publikum machen kann, hat er noch ein Problem zu meistern: Keiner der vorhandenen Stifte schreibt noch lesbar, außer vielleicht der gelbe Stift.

Dieser Situation können Sie mit dem iPad wirkungsvoll begegnen. Denn dort sind Ihre Stifte immer voll, und die Farben kommen kräftig zur Geltung. Bereits mit der Einführung des iPad der ersten Generation waren Apps zum Zeichnen und Scribblen äußerst beliebt. Kurz darauf kamen dann erste Spezialanwendungen, die das Spielerische in das professionelle Umfeld trugen.

Allerdings mit einigen Problemen: So kann natürlich direkt auf dem iPad mit dem Finger gezeichnet werden. Aber wer schafft so schon lesbare Anschriebe, sind wir es doch gewohnt, mit einem Marker am Flipchart oder am Whiteboard zu schreiben. Also muss ein tauglicher Stift her. Doch selbst dann bleibt oft das Problem, dass es zu unschönen Effekten kommt, weil sowohl der Stift als auch der Handballen des Schreibenden den iPad-Bildschirm berühren.

Hinzu kommt, dass zumindest professionell ausgebildete Referenten gelernt haben, mit der breiten Seite der Stiftspitze zu schreiben und so auf die Entfernung gut lesbare Schriften auf das Papier zu bringen. Da das iPad jedoch nicht auf Druck reagiert, lässt sich das bewährte Prinzip der breiten Spitze kaum umsetzen. Und schließlich ist die Zeichenfläche auf dem iPad gefühlt doch arg begrenzt. Um ein mit einem Flipchart- oder Whiteboard-Anschrieb vergleichbares Dokument auf dem iPad zu erzeugen, müssten Sie als Redner schon sehr klein und dennoch lesbar schreiben können. Mit dem iPad auf dem Arm kein leichtes Unterfangen. Kurzum, das iPad ist für ein Flipchart/Whiteboard kein wirklicher Ersatz.

Und dennoch ist es hilfreich, wenn Sie z.B. in einen Raum kommen, der zwar mit einem Beamer, aber ohne Flipchart oder Whiteboard ausgestattet ist.

Sie verbinden dann einfach Ihr iPad mit dem Beamer (siehe hierzu das Kapitel "Präsentieren ohne Pannen) und projizieren Ihr digitales Flipchart oder Whiteboard an die Wand. Nun können Sie direkt mit Ihrem Anschrieb beginnen. Dabei wird Ihnen nie das Papier ausgehen. Je nach App haben Sie auch beliebig viele Farben zur Verfügung. Besonders hilfreich im Vergleich zum Anschrieb am Flipchart: Wie am Computer gibt es eine Undo-Funktion, so dass Sie fehlerhafte Texte oder Zeichnungen gleich korrigieren können. Das Ergebnis sieht also zweifelsohne hinterher besser aus, als ein Anschrieb am Flipchart, in dem Sie durchgestrichen und korrigiert haben.

Schließlich lassen sich die Bilder, die Sie am iPad entwerfen, dort gleich speichern, so dass Sie ohne zusätzlichen Aufwand anschließend eine Fotodokumentation an Ihre Zuhörer verteilen können.

Im Wesentlichen unterscheiden sich Apps, die das Flipchart in den Vordergrund stellen, nicht von denjenigen, die das Whiteboard im Namen führen. Dies kommt daher, dass am iPad Fläche und Technik im Gegensatz zu physischen Flipcharts und Whiteboards identisch sind und Sie Hoch- und Querformat in der Regel dadurch erzeugen, dass Sie das iPad hochkant oder quer halten. Daher habe ich bei den folgenden Anwendungstipps auch nicht zwischen Flipchart- und Whiteboard-Apps unterschieden.

Tipp 1: Stiftfarben begrenzen

Am realen Flipchart oder Whiteboard ist die Auswahl der Stiftfarben begrenzt. Dies ist auf den ersten Blick ein Nachteil, da Sie keine feine Differenzierung vornehmen können. Am iPad haben Sie hingegen eine nahezu unbegrenzte Farbauswahl. Ich empfehle Ihnen jedoch eine App zu wählen, bei der die Zahl der möglichen Farben beschränkt ist. Anderenfalls haben Sie plötzlich in einem Protokoll für die Teilnehmer fünf verschiedene Rottöne, weil Sie unter Präsentationsstress nach einem Farbwechsel nicht immer das gleiche Rot gewählt haben.

Beispiel

iFLIPchart bietet Ihnen z.B. nur zehn Farben an, so dass Sie hier nicht danebengreifen können. W-Whiteboard stellt Ihnen 256 Farben zur Verfügung, die Whiteboardfunktion von 2Screens hingegen wieder nur neun.

Wenn Sie Slides und Flipchart-Anschriebe kombinieren wollen, dann kann es Sinn machen, dass Sie auf eine App zurückgreifen, die mehr als nur die Basisfarben zur Verfügung stellt. Dies lohnt sich, wenn in Ihrer Präsentation ein durchgängiger Farbcode eingesetzt wird, der Inhalte visuell voneinander abgrenzt, z. B. türkis für alle Inhalte, die mit Personalentwicklung zu tun haben, und blau für alle Inhalte, die Finanzen betreffen. Diesen Code können Sie dann auch ohne Unterbrechung auf das Medium Flipchart oder Whiteboard übernehmen. Allerdings müssen Sie als Redner dann sehr bewusst mit den Farben umgehen – nicht schnell, schnell – damit Sie nicht die oben beschriebenen feinen Farbunterschiede z. B. bei Rottönen erhalten.

Stehen hingegen nur Basisfarben zur Verfügung, ergibt sich häufig ein Bruch in der Durchgängigkeit, da z.B. türkis nicht zu den Basisfarben gehört.

Tipp 2: Fotos und Grafiken integrieren

Ein wesentlicher Vorteil des iPad-Mediums gegenüber den physischen Varianten besteht darin, dass Sie den Hintergrund, auf dem Sie zeichnen und schreiben, auch mit Fotos oder Grafiken gestalten können. Dies zahlt sich z.B. dann aus, wenn Sie Ihre Medien für eine typische Flipchart-Anwendung vorbereiten, nämlich für die Darstellung eines Prozesses. In einem solchen Fall erstellen Sie vorab die Grafik an Ihrem Rechner, laden diese dann als Hintergrund in eine App und vervollständigen sie dann, indem Sie während der Präsentation nach und nach Ergänzungen durchführen und Verbindungslinien zeichnen. Da Sie dabei das iPad auch in Richtung

Ihrer Zuhörer halten können, wird es Ihnen so außerdem viel leichter als an Chart oder Board fallen, den Blickkontakt zu Ihren Zuhörern aufrecht zu erhalten.

Einige Apps wurden so entwickelt, dass versehentliche „Farbschmierer" mit dem Handballen vermieden werden können. In 2Screens können Sie eine verschiebbare Schutzfläche einblenden, so dass Sie die Hand bequem auf dem Bildschirm auflegen und wie auf einem Block schreiben können. Das macht es deutlich leichter, wenn Sie das iPad in der Hand halten und gleichzeitig schreiben wollen.

Tipp 3: Schneller lesbare Grafiken entwickeln

Auch dann, wenn Sie einmal unvorbereitet präsentieren müssen, lassen sich mittels einiger Whiteboard-Apps ansprechende Skizzen gestalten:

- So bietet Ihnen z.B. die integrierte Whiteboard-Funktion von 2Screens die Möglichkeit, auf vorbereitete „shapes" zuzugreifen. Das sind Formen wie Rechtecke oder Kreise, aber auch gerade Linien und Pfeile, mit denen sich schnell mal eine der typischen Skizzen entwerfen lässt, die am Whiteboard häufig benötigt werden.
- Eine andere Variante nutzt die App Stickyboard. Sie haben dort ein Whiteboard, auf das Sie einerseits zeichnen können, andererseits lassen sich auf diesem Board auch Notizzettel anbringen, die mit der Bildschirmtastatur des iPad beschriftet werden können. Als Brainstormingtool ist das Programm daher gut geeignet, aber auch dazu, um typische To-do-Listen am Ende eines Meetings anzufertigen und in lesbarer Form anschließend an alle zu verteilen.

Tipp 4: Mitschriebe per E-Mail versenden

Ein echter Vorteil bei der Verwendung herkömmlicher Flipcharts in Veranstaltungen besteht darin, dass die verschiedenen Blätter an den Wänden aufgehängt werden können. Diesen Vorteil haben Sie nicht, wenn Sie mit einer App wie iFLIPchart präsentieren. Vergleichbar ist das Flipchart oder das Whiteboard am iPad daher am ehesten mit dem klassischen Overheadprojektor. Dieser bezog seinen Charme auch daraus, dass Dinge live entwickelt – und damit mitgeschrieben werden mussten – und gleichzeitig im Gegensatz zur Tafel Anschriebe wieder hervorgeholt werden konnten, wenn Bedarf dazu bestand.

Der größte Vorteil eines iPad-Flipcharts oder -Whiteboards liegt daher auch zweifelsohne darin, dass Sie Mitschriebe sofort per E-Mail an all Ihre Zuhörer verteilen können. Im Anschluss an die Präsentation können Sie entscheiden, ob Sie den gesamten Flipchart-Dateiensatz in ein PDF umwandeln und versenden, oder ob Sie nur eine einzelne Seite als Bild direkt mailen wollen. Ihre Teilnehmer können damit sofort auf die Unterlagen zugreifen.

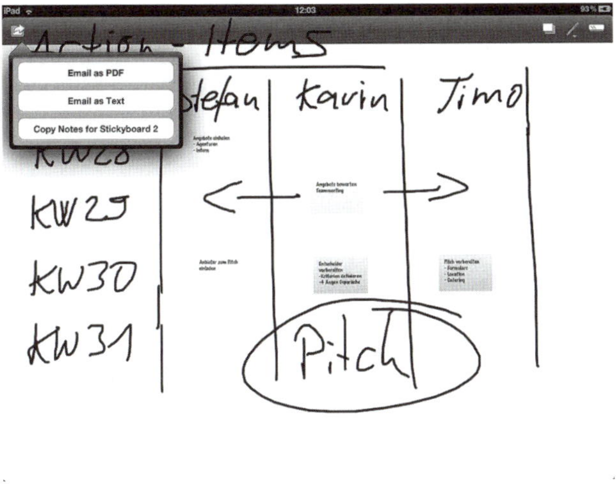

Whiteboard mit E-Mail-Funktion

Tipp 5: Einfach blättern

In den meisten der Flipchart- und Whiteboard-Apps können Sie nacheinander beliebig viele Seiten anlegen, die automatisch auf Ihrem Gerät gespeichert werden. Während der Präsentation können Sie dann problemlos zu einer beschriebenen Seite zurückspringen. Dies ist für den Referenten wesentlich leichter, als ein Blatt Papier umzublättern.

Flüssig: das iPad als Teleprompter

Redner werden oft dafür bewundert, wenn sie komplett ohne Konzept sprechen. Doch gibt es Anlässe, da zählt jedes Wort.

Hier ist für den Redner und das Publikum wichtig, dass die Rede überzeugend und frei vorgetragen wirkt und gleichzeitig exakt gemäß eines vorformulierten Textes gehalten wird. In so einer Situation wünschen sich viele Redner einen Teleprompter. Mit Ihrem iPad haben Sie ihn künftig immer dabei.

Blättern hat ein Ende, Ihr Text fließt

Bei einer guten Rede hält der Redner intensiven Blickkontakt zu seinem Publikum. Werden Karteikarten oder gar ein ausformuliertes Redekonzept in der Hand gehalten, zwingt das den Redner dazu, immer wieder mit seinem Blick nach unten auf sein Manuskript auszuweichen. Dabei reißt der Blickkontakt zum Publikum ab, die Stimme wird leiser, da die Atmung blockiert wird, und oft verschlucken Redner die letzten Silben eines Satzes, während sie versuchen, bereits den nächsten Satz zu lesen.

Mit einer App wie Teleprompt+ vermeiden Sie diese Probleme zukünftig. Ist diese App einmal installiert, können Sie Ihren ausformulierten Text direkt vom iPad ablesen. Dabei fließt der Text in einer gleichmäßigen, von Ihnen definierten Geschwindigkeit weiter. Das bedeutet: Blättern entfällt ebenso, wie das Suchen der richtigen Stelle. Aktuell und immer deutlich hervorgehoben ist die Zeile lesbar, die Sie gerade vortragen.

Wichtig ist dabei, dass Sie Ihr iPad so in Blickrichtung zum Publikum aufstellen, dass Sie immer zu Ihren Zuhörern schauen. Die Schriftgröße kann dabei in der App angepasst werden, so dass Sie selbst auf größere Entfernungen Ihre Vorlage noch gut lesen können.

> Ich rate Ihnen, zusätzlich zur Teleprompt+ App die Teleprompt+ Remote App auf einem iPhone zu installieren und dieses zur Fernsteuerung des Teleprompters zu verwenden. Damit können Sie die Fließgeschwindigkeit Ihres Textes auf die Entfernung anpassen, Sie können bei Zwischenfragen Ihren Vortrag schnell anhalten. Auch die Größe der Schrift lässt sich dann nachjustieren.

Profis verwenden mehrere iPads als Teleprompter, die Sie in unterschiedliche Blickrichtungen zum Publikum aufstellen. Da sich mit der genannten App mehrere Geräte synchron betreiben lassen, können Sie somit immer den Teleprompter nutzen, der in der Richtung steht, in die Sie gerade schauen.

Sprechen wie ein Profi

Mit dem Einsatz eines Teleprompters haben Sie auch als wenig geübter Redner die Chance, wie ein Profi zu sprechen, da Sie

- den roten Faden sicher verfolgen können.
- auch anspruchsvolle rhetorische Stilmittel wie eine Metapher oder Allegorie in Ihren Vortrag einbauen können, ohne Gefahr zu laufen, das Stilmittel unvollständig und damit sinnverfälschend vorzutragen.
- über Regieanweisungen und Hervorhebungen Ihre Pausensetzung und Betonung optimieren können.
- die Redezeit immer im Blick haben und damit die zeitliche Punktlandung kein Zufall mehr ist.

Viele Redner schrecken davor zurück, ihre Rede ausgiebig mit rhetorischen Stilmitteln (siehe hierzu das Kapitel zuvor) zu schmücken, das sie zu Recht befürchten, in der Vortragssituation dann nicht die richtige Formulierung zu finden. Und ein nicht korrekt ausgeführtes rhetorisches Stilmittel stiftet eher Verwirrung, als dass es dabei hilft Redeinhalte zu vermitteln.

Mit einer Teleprompter App begegnen Sie diesem Dilemma wirkungsvoll. Da Sie die von Ihnen verwendeten Stilmittel dort ablesen, gehen Sie sicher, dass Sie diese auch korrekt und voll wirksam einsetzen können.

So laden Sie Ihre vorbereitete Rede in Teleprompt+

Bevor Sie Ihren Teleprompter jedoch in der beschriebenen Form einsetzen können, müssen Sie erst einmal Ihren Text in die App laden.

Der direkte Weg besteht darin, dass Sie den Text an Ihrem iPad in Teleprompt+ eingeben. Allerdings ist das nur sinnvoll, wenn Sie in der Lage sind, mit der iPad-Tastatur schnell zu schreiben. Andernfalls empfiehlt es sich, dass Sie ganz konventionell einen normalen Texteditor wie z.B. Word verwenden, um den Text zu erfassen. Wenn Sie Ihr Dokument dann als txt-Datei abspeichern, können Sie es ganz normal über iTunes in Teleprompt+ importieren.

> Da in Teleprompt+ nur txt-Dateien verwendet werden können, können Sie darauf verzichten Ihr Dokument mit Formatierungen, wie z.B. Fettungen oder Kursivschrift, zu versehen. Sie werden nicht angezeigt.

Alternativ zu dem Weg über iTunes können Sie auch die Dropbox oder GoogleDocs nutzen. Schließlich besteht darüber hinaus auf dem iPad noch die Möglichkeit, dass Sie einen Text, z.B. aus einer E-Mail, einfach mit copy and paste in Ihre Rede einfügen.

Optimal trainieren mit der Teleprompt+ App

Auch wenn eine Rede mit dem Teleprompter einfacher zu halten ist als ohne, braucht es dennoch ein gewisses Training. Das gilt zum einen für die Anpassung der Fließgeschwindigkeit als auch für die Schriftgröße und Farbe, die Sie verwenden.

Als Rhetoriktrainer liegt mir nicht nur der Inhalt von Präsentationen am Herzen, sondern auch die Art und Weise, wie dieser vermittelt wird. Dazu gehören Körpersprache und Stimme. Um dies zu trainieren und den Redner bei seiner Redevorbereitung zu unterstützen, bietet Ihnen Teleprompt+ die Möglichkeit, Ihren Auftritt in der Übungsphase und zur Nachbereitung dann auch während der realen Redesituation mit dem eingebauten Mikro und der eingebauten Kamera aufzuzeichnen. Sie wählen dazu in der App die Option „Capture" und aktivieren den gewünschten Modus (Ton oder Video). Anschließend starten Sie zu Beginn Ihrer Rede die Aufzeichnung. Diese können Sie dann im Anschluss unter „Recordings" abrufen.

Mit dieser Funktion können Sie sich in der Übungsphase ohne weiteres Equipment selber kontrollieren und an Ihrer Rede feilen. Die Qualität der Aufnahmen mit dem im iPad installierten ungerichteten Mikrofon ist für Trainingszwecke sicher ausreichend. Wenn Sie jedoch einen Live-Auftritt aufzeichnen wollen oder in puncto Tonqualität höhere Ansprüche haben, sollten Sie ein externes Richtmikro verwenden. Ich setze dazu das iRigMic ein. Dieses wird an den Kopfhörerausgang des iPad angeschlossen und liefert eine exzellente Qualität.

Unauffällig: iPhone statt Karteikarten

Viele Redner nutzen Karteikarten, um sich wichtige Stichwörter aufzuschreiben, die sie für ihre Reden benötigen. Beim Einsatz ergeben sich dann häufig die folgenden Schwierigkeiten:

- Der Redner hat in der Vorbereitungsphase seine Karten zu voll geschrieben. Dadurch ist die Schrift zu klein und durch die Handschrift auch so schwer lesbar geworden, dass er bei einem Blackout gar nicht wirkungsvoll von seinem Konzept Gebrauch machen kann.
- Während der Vorbereitung seiner Rede hat der Präsentierende immer wieder Korrekturen einfügt, Dinge durchgestrichen oder mit Markierungen versehen. Beim Auftritt stolpert er dann über seine eigenen Korrekturen.
- Auch neigen viele sparsame Redner dazu, Karten sowohl auf der Vorder- als auch auf der Rückseite zu beschreiben. Im Vortrag kommt es dann schnell zu einem Durcheinander, da sich der Redner nicht mehr daran erinnern kann, ob er eine bestimmte Karte bereits umgedreht hat oder nicht.

Alles in allem ist es so, dass viele Redner die Karten zwar als Hilfsmittel nutzen, aber sich selber nicht ganz sicher sind, ob sie mehr helfen oder mehr behindern. An dieser Stelle kommt das iPhone mit der passenden App ins Spiel. Denn vom Format her entspricht das iPhone weitgehend den häufig für Redenotizen verwendeten Karteikarten. Es bietet jedoch im Vergleich zu diesen deutliche Vorteile:

- Egal wie viel Sie korrigieren oder schreiben, das Ergebnis ist immer gut lesbar.
- Die Reihenfolge der Karten kann während der Präsentation nicht versehentlich durcheinander gebracht werden.
- Ebenso ist ein Beschreiben der iPhone-Rückseite nicht einmal versehentlich möglich – und ist aus Kostenersparnisgründen auch nicht notwendig.

Cue Cards – simpel für die spontane Rede

Für jedes SmartPhone sind passende Apps auf dem Markt, die den Redner unterstützen, z.B. Flash Cards Study Helper für Android oder Cue Cards für das iPhone.

Die Bedienung von Cue Cards für das iPhone ist simpel:

- Wenn Sie eine Rede planen, dann geben Sie einfach direkt in der Anwendung Ihren Text ein. Für jeden neuen Redeabschnitt legen Sie sich eine neue Karteikarte an. Stichworte für spontane Reden zusammenzustellen, ist damit einfach. Sie arbeiten direkt an Ihrem Telefon.
- Eine andere Variante besteht wie bei Teleprompt+ darin, dass Sie sich einen Text in einem Texteditor erstellen und

die Inhalte dann auf die Karten kopieren. Sie müssen hinterher allerdings noch ein wenig nacharbeiten, damit die Inhalte richtig auf die einzelnen Karten verteilt werden und um Hervorhebungen zu platzieren.

Während Ihres Vortrags wischen Sie dann einfach von einer Karteikarte zur nächsten.

> Wenn Sie Ihr Telefon anstelle von Karteikarten verwenden, sollten Sie es vorab in den Flugmodus schalten. Anderenfalls laufen Sie Gefahr, dass während Ihrer Rede das Telefon klingelt oder Nachrichten auf Ihrem Bildschirm auftauchen, die Sie von Ihrer Rede ablenken.

Pünktlich: der Redezeit-Timer

Auf großen Konferenzen habe ich schon öfter gesehen, dass den Referenten ein Monitor mit einem Countdowntimer in Blickrichtung hinter das Publikum gestellt wurde. So soll die Unart, die zur Verfügung stehende Redezeit zu überziehen, unterbunden werden.

Diese Option steht Ihnen mit dem iPad nun auch ohne große Installation zur Verfügung:

1. Sie laden die von Ihnen bevorzugte Timer App, starten Sie und geben die gewünschte Redezeit ein.
2. Sobald Sie zu sprechen beginnen, schalten Sie den Countdown scharf.

Da sich diese Apps auf die Countdown-Funktion spezialisiert haben, steht in der Regel die Signalwirkung bei Ablauf der Redezeit im Vordergrund. Die meisten Apps lösen dies, indem sie die Farbe von grün über gelb zu rot wechseln. Einige fangen an, zu einem festgelegten Zeitpunkt zu blinken. Es lässt sich vereinzelt sogar einstellen, dass Musik aus der eigenen Musikbibliothek angespielt wird oder – typisch für einen Timer auf dem iPhone – die Vibration ausgelöst wird.

In die meisten der bisher vorgestellten Apps für Präsentationen, wie nonlinear, 2Screens, Keynote oder i-Clickr, ist ein einfacher Timer bereits integriert. Sie können diesen beim Start der Präsentation aktivieren. Ich persönlich verwende gerne die App Zeitscheibe, da ich dort nicht nur die gesamte Redezeit einstellen kann, sondern sogar die einzelnen Abschnitte meiner Gliederung timen kann.

Die App Zeitscheibe effektiv nutzen

Bevor Sie mit der App Zeitscheibe Ihren Countdown starten können, werden Sie aufgefordert, zunächst einmal die einzelnen Redeabschnitte zu definieren. Diese werden dann als Segmente im äußeren Ring der Scheibe angezeigt. Als Redner haben Sie damit den Vorteil, dass Sie auch ohne Konzeptkarten Ihren roten Faden immer visualisiert vor sich haben.

Für jeden Redeabschnitt legen Sie dann fest, wie lange Sie maximal brauchen dürfen. Außerdem können Sie noch definieren, ob der Abschnitt verkürzt oder verlängert werden darf. Das heißt, Sie planen hier bereits ein, an welchen Abschnitten Sie eventuell kürzen können, wenn Unvorhergesehenes geschieht oder welche Abschnitte je nach Interesse auch über die Zeit hinweg ausgebaut werden dürfen.

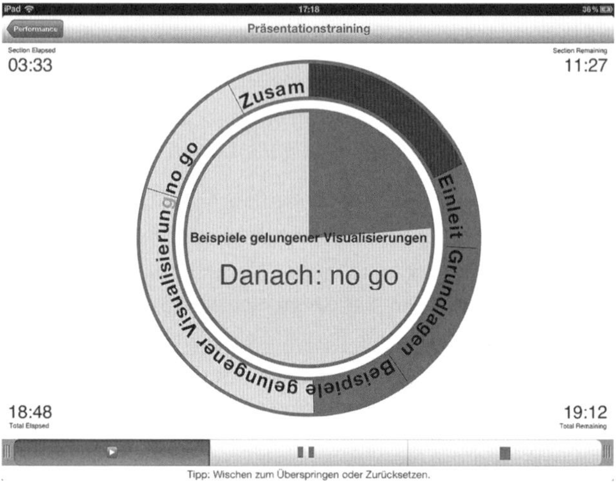

Zeitscheibe

Anschließend starten Sie Ihre Präsentation und sehen im äußeren Ring, wie sich die Gesamtzeit entwickelt. In der Mitte hingegen sehen Sie, wie lange Sie für den jeweiligen Abschnitt bereits gebraucht haben. Somit haben Sie immer den Gesamtüberblick über Ihre Präsentationszeit.

Sollten Sie einen Abschnitt einmal überraschenderweise früher zu Ende bringen, dann wischen Sie einfach mit dem Finger über den Bildschirm. Der Timer springt dann zum nächsten Segment. Dort steht Ihnen dann mehr Zeit zur Verfügung als ursprünglich eingeplant.

Wenn Sie hingegen durch eine Zwischenfrage unterbrochen werden, drücken Sie die Pausen-Taste. Jetzt wird zunächst die zuvor gewonnene Pufferzeit abgebaut. Danach wird gleichmäßig an den Gliederungsabschnitten, für die Sie definiert haben, dass verkürzt werden kann, gekürzt. Damit ist sichergestellt, dass Sie, wenn Sie sich an der Zeitscheibe orientieren, immer innerhalb der Ihnen zur Verfügung stehenden Redezeit fertig werden.

Beispiel

Bei öffentlichen Ausschreibungen von Bauvorhaben werden den jeweiligen Anbietern, die sich im Vergabeverfahren persönlich präsentieren, enge Vorgaben darüber gemacht, wie viel Zeit für die diversen in der Präsentation geforderten Inhalte zur Verfügung steht. Da heißt es z. B.: für die Vorstellung des Büros 10 Minuten, für Beispiele erfolgreicher Bauausführungen 20 Minuten usw.

Ein Ingenieurbüro, das ich auf solche Verfahren vorbereite, setzt ergänzend zu seiner normalen PowerPoint-Präsentation noch die Zeitscheibe ein. So kann es sicherstellen, die Vorgaben einzuhalten. Bei einer der letzten Präsentationen meinte der Vorsitzende dort nach deren Ende, „Sie hätten noch 45 Sekunden gehabt.“, und lachte erfreut.

Klar und deutlich: der Stimmtrainer übers iPhone

Die beste Präsentation oder Rede ermüdet, wenn der Referent im immer gleichen Tonfall vorträgt. Doch ist es gar nicht so einfach, der eigenen Stimme mehr Volumen zu verleihen. Schließlich ist der öffentliche Vortrag doch eher die Ausnahme und unser eigenes Lautstärkeempfinden daher auf klassische Gesprächssituationen hin kalibriert. Das bedeutet, dass sich der Redner typischerweise selber bereits als unangenehm laut erlebt, wenn er anfängt, ansatzweise lauter zu werden, wohingegen das Publikum diese minimale Veränderung gar nicht wahrnimmt.

Wie Sie Ihre Stimme neu einstellen

Da das gleiche auch für leise Töne gilt, ist es notwendig, dass Sie Ihr eigenes Ohr für die Redesituation neu kalibrieren. Dabei wiederum hilft Ihnen das iPhone. Als Standard-App ist dort bereits Sprachmemo installiert:

1. Starten Sie diese App und sprechen Sie einen gewählten Text. Beobachten Sie dabei den Ausschlag der abgebildeten Nadel.
2. Anschließend sprechen Sie den Text nochmals und versuchen den Ausschlag der Nadel nach oben zu vergrößern.
3. Dies wiederholen Sie solange, bis die Ausschläge größer werden und Sie auch längere Zeit auf diesem Niveau sprechen können.
4. Anschließend trainieren Sie das ganze nochmals, indem Sie nun die leisen Töne wählen. Achten Sie hier darauf, in der Wiederholungsphase konstant unter Ihrem Ausgangslevel zu bleiben.

Beispiel

In Seminaren behaupten Teilnehmer immer wieder, dass sie nicht lauter sprechen könnten. Ich führe dann im Regelfall eine Übung in der gesamten Gruppe durch. Kern der Übung ist, dass die Gruppe gemeinsam immer lauter wird. Dabei ist sofort zu beobachten, dass auch der einzelne Teilnehmer deutlich lauter wird, als wenn er solo trainiert.

> Diese Situation kennen Sie aus der Kneipe. Sobald die Hintergrundgeräusche lauter werden, passen Sie sich automatisch mit Ihrer Stimme an und erzählen Ihre Geschichten ebenfalls lauter, als Sie dies normalerweise machen würden. Typische Sätze, die dann fallen, lauten: „Mensch, ist das heute laut hier." ... und trotzdem wird es ein unterhaltsamer Abend.

Wenn Sie Wert darauf legen, Ihre Daten auch aufzuzeichnen und anschließend auszuwerten, um zu sehen, wie gut Sie zwischen laut und leise abgestuft haben und wie oft Sie variiert haben, können Sie auch eine App wie Decibel Ultra erwerben. Als Ergebnis erhalten Sie ein Textdokument mit den verschiedenen Werten. Diese können Sie sich dann per E-Mail schicken und z.B. in Excel auswerten.

Praktisch für Trainer: das iPad als Videokamera

Da das Präsentieren das Tagesgeschäft für Trainer ist, habe ich hier nun noch eine Empfehlung, wie sich Trainer, die planen mit dem iPad zu präsentieren, das Leben mit diesem Gerät noch leichter machen können.

In vielen Trainings kommt die Videokamera zum Einsatz. Dafür schleppen Trainer das notwendige Zubehör zusätzlich zu ihren anderen Trainingsutensilien mit sich herum. Am Seminarort angekommen, organisieren sich die meisten dann noch einen Fernseher, um die Aufzeichnungen wiederzugeben. Dabei bietet das iPad alle notwendigen Funktionen, um nahezu ohne zusätzliches Equipment auskommen zu können.

Seit der dritten Generation verfügt das iPad über eine gute, ausreichend hoch auflösende Kamera. Damit lässt sich eine gute Aufzeichnungsqualität erzielen.

Sequenzen aufzeichnen

Zu guten Aufzeichnungen gelangen Sie, indem Sie Ihr iPad hochkant auf den Tisch stellen. Dies erreichen Sie am leichtesten, indem Sie ein sog. Smartcover verwenden. Falten Sie dieses an den vorgegebenen Knickstellen zu einem Dreieck zusammen. So erhalten Sie einen stabilen Fuß, der es Ihnen erlaubt, das iPad senkrecht auf einen Tisch zu stellen.

Um einen guten Ton aufzunehmen, empfehle ich Ihnen, dass Sie sich zusätzlich ein externes Mikrofon – ich verwende das iRigMic – sowie ein kleines Minitisch-Stativ anschaffen. Das Mikrofon wird dann am Kopfhörerausgang des iPad eingesteckt.

> Sie können die Qualität der Aufnahme bei Verwendung des iRigMic bereits während der Aufzeichnung durch Mithören kontrollieren, da Sie direkt am Stecker zusätzlich zum Mikrofon einen Kopfhörer einstecken können.

Die eigentliche Aufnahme wird dann mit der standardmäßig installierten Kamera-App durchgeführt. Dazu schalten Sie diese vom Foto- auf den Videomodus um, und schon können Sie Aufzeichnungen starten.

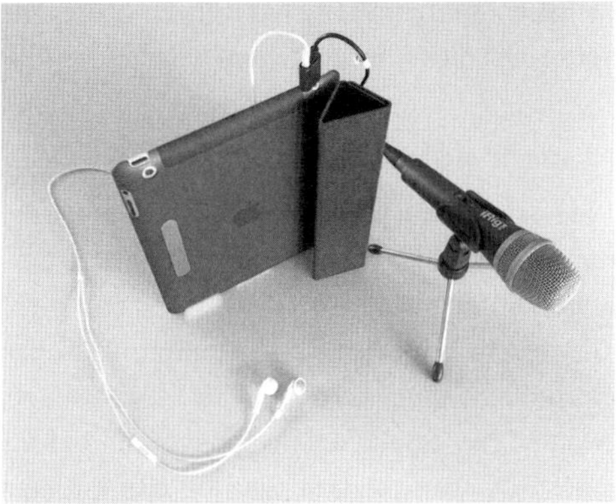

iPad als Videokamera

Aufzeichnungen wiedergeben

Ihre Aufzeichnungen spielen Sie ab, indem Sie in der Foto-App – dort wurden Ihre Aufzeichnungen abgespeichert – die gewünschte Sequenz antippen und anschließend das Video starten. Um während einer Sequenz vor und zurück zu spulen oder das Video anzuhalten, tippen Sie während der Wiedergabe einmal auf das Videobild. Am oberen Bildschirmrand wird Ihnen dann die Steuerungsleiste angeboten, mit der Sie die gewünschte Operation durchführen können.

Keine zusätzliche Hardware mehr nötig

Um das Video Ihrer Teilnehmergruppe zu zeigen, leiten Sie entweder die Ausgabe über AirPlay auf den Beamer um, oder Sie schließen Ihr iPad mit dem Dock Connector an den Beamer an (siehe hierzu auch das Kapitel „Präsentieren ohne Pannen"). In beiden Fällen sparen Sie sich einen Fernseher im Raum oder weitere zusätzliche Installationen.

Zoomen nicht mehr notwendig

Als Trainer sind Sie es wahrscheinlich gewohnt, während der Aufzeichnung zu zoomen, um bestimmte Details herauszuarbeiten. Dies ist bei Aufnahmen mit dem iPad nicht mehr notwendig. Da Sie am iPad mit den Fingern durch Aufziehen die Darstellung vergrößern können, können Sie im Nachhinein zoomen. Dabei wählen Sie die Ausschnitte, die Ihnen besonders wichtig bei der Durchsprache sind. Sie sind also mit dem iPad flexibler als mit einer echten Kamera.

Videos digital weiterleiten

Wenn Sie Videos direkt am iPad aufzeichnen, so wird jedes Video als eigene Datei gespeichert. Damit können Sie die Dateien auch ohne großen Aufwand an Teilnehmer weitergeben. Dazu benötigen Sie dann allerdings einen Rechner mit installiertem iPhoto. Über diesen Dienst importieren Sie die Dateien vom iPad auf Ihr Notebook. Anschließend können Sie sie direkt aus iPhoto heraus auf einen Teilnehmer-USB-Stick verschieben.

Lassen Sie sich nicht durch die in der Foto-App zur Verfügung stehende Option „Per E-Mail senden" dazu verführen, Ihren Teilnehmern die Videos per Mail zu schicken. Ein Drei-Minuten-Video, aufgezeichnet mit dem iPad der dritten Generation, verfügt in etwa über eine Dateigröße von ca. 500 MB. Die meisten Mailboxen dürften damit überfordert sein.

Statt Beamer & Leinwand: Projektion auf den Monitor

Inzwischen ist es schon fast Usus, dass Zuhörer während Reden und Präsentationen hinter ihrem Notebook sitzen und mögliche Notizen gleich eintippen und abspeichern. Einige haben ihr iPad anstelle eines Notizblocks dabei und nahezu alle haben inzwischen ein internetfähiges Telefon. Dem Redner wird es durch die vielen möglichen Ablenkungen schwer gemacht, die Aufmerksamkeit der Zuhörer zu gewinnen und zu erhalten. Allerdings kann er diesen Nachteil auch zu einem Vorteil machen: Er kann auf jedes der verschiedenen Geräte seine Präsentation projizieren und somit zumindest das Gefühl bekommen, dass alle seine Zuhörer, wenn sie auf ihren Monitor schauen, bei der Sache sind. Passende Präsentationsapps sind dazu bereits auf dem Markt (siehe dazu sogleich).

Viele Zuhörer haben sich aus ihren inzwischen gemachten Erfahrungen mit Webinaren und Videokonferenzen mittlerweile daran gewöhnt, Präsentationen am Bildschirm zu verfolgen.

AirShow statt Beamer

Mit der App 2Screens können Sie nach Erwerb des kostenpflichtigen Zusatzmoduls AirShow Ihre Präsentation an beliebig viele Clients innerhalb eines WLAN-Netzwerks zur Verfügung stellen:

1 Sie starten dazu an Ihrem iPad in 2Screens den AirShow-Modus.

2 Anschließend wird Ihnen eine IP-Adresse angezeigt, welche die Teilnehmer Ihrer Präsentation an ihrem Rechner, Smartphone oder iPad im Internetbrowser eingeben. Sofort wird ihnen das Slide, welches Sie gerade präsentieren, auch auf dem mobilen Gerät angezeigt.

Allein Videos werden auf die Art und Weise noch nicht übertragen, da sonst auch auf jedem individuellen Gerät Ton abgespielt würde. Dies ließe sich nur mit Kopfhörern ertragen, was es allerdings Ihnen als Redner schwer machte, noch zu Ihren Zuhörern durchzudringen.

Eine AirShow-Präsentation empfiehlt sich unter anderem auch dann, wenn Sie in einem Raum mit sehr ungünstigen Licht- oder Platzverhältnissen präsentieren müssen.

Auf einen Blick: Während der Präsentation

- Möchten Sie bei der Präsentation nicht auf Ihr Notebook verzichten, können Sie das iPad als Fernsteuerung für PowerPoint einsetzen.
- Tablets können mit der richtigen App als Flipchart oder Whiteboard genutzt werden – mit vielen Vorteilen: Anschriebe können leichter geändert werden und sind speicherbar.
- Wenn es bei einer Rede auf den genauen Wortlaut ankommt, kann das iPad als Teleprompter dienen.
- iPhone- und iPad-Cue-Cards können Ersatz für die herkömmlichen Karteikarten sein. Sie sind leichter lesbar und kommen nicht durcheinander.
- Präsentationsapps halten komfortable Redezeittimer bereit, die vor Zeitüberschreitungen warnen.
- Präsentationen werden besser mit trainierter Stimme. Beim Training hilft das iPhone.
- Insbesondere für Trainer lohnt es sich, das iPad als Videokamera zu nutzen. Schwere Zusatzausrüstung kann dann zuhause bleiben.

Präsentieren ohne Pannen

Das schönste Präsentationskonzept nützt nichts, wenn der Monitor schwarz bleibt. Zur richtigen Vorbereitung gehört daher auch eine funktionierende Technik.

In diesem Kapitel erfahren Sie,

- wie Sie Ihr iPad mit Ihrem Beamer verbinden,
- wie Sie Ihr iPhone zur Fernsteuerung des iPads machen,
- wie das iPad beim Vortrag sicher in der Hand liegt.

Die Verbindung zum Beamer

Verkabelt

Die stabilste und sicherste Variante mit dem iPad zu präsentieren besteht darin, dieses über ein Kabel direkt an den Beamer anzuschließen. Eine direkte Verbindung vom iPad zum Beamer ist von Apple nicht vorgesehen. Stattdessen lässt sich die Verbindung über Apple Zubehör erstellen. Sie benötigen entweder einen Apple Digital AV Adapter für einen Beamer mit digitalem Eingang oder einen Apple VGA Adapter für Beamer mit VGA-Eingang. Der Adapter lässt sich dann einfach in den Dock Connector des iPad einstecken. Anschließend kann der Beamer mit dem ganz normalen Beamer-Kabel direkt an den Adapter angesteckt werden.

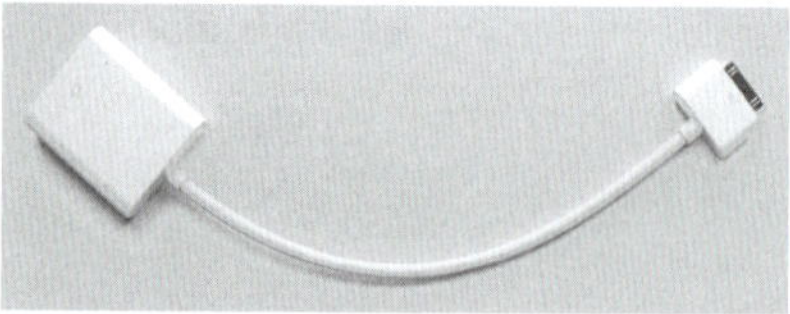

VGA Dock Connector

Damit haben Sie es bereits geschafft: Automatisch wird die Oberfläche des iPad auf den Beamer übertragen. Sie können nun direkt wie sonst auch mit dem iPad arbeiten. Der Unterschied ist, dass Sie jetzt alles das, was Sie sehen, auf die Projektionswand werfen.

Wollen Sie jedoch außer Bildern, Webseiten oder Dokumenten auch noch zusätzlich Ton ausgeben, so sollten Sie direkt am iPad über den Kopfhörerausgang auch noch externe Lautsprecher anschließen. Anderenfalls wird Ton lediglich über den Lautsprecher des iPad wiedergegeben, und das ist in einer großen Gruppe definitiv unzureichend.

Kabellos

Die eleganteste Möglichkeit mit dem iPad zu präsentieren besteht darin, das iPad in der Hand zu halten und von jeder beliebigen Stelle im Raum aus das über den Beamer an die Wand projizierte Bild zu steuern. Dies erreichen Sie, indem Sie an Ihren Beamer ein Apple TV anschließen. Dabei handelt es sich um eine kleine schwarze Box, die Apple entwickelt hat, um Multimediainhalte, insbesondere Videos, auf klassische Fernseher zu übertragen.

Seit der Version 5.0 des iOS können Sie über WLAN kabellos Inhalte vom iPad/iPhone an Apple TV streamen. Wenn das Apple TV an einen Beamer oder Fernseher angeschlossen ist, dann wird dorthin, wie bei einer Kabelverbindung, der Bildschirm des iPad ausgegeben, sobald Sie an Ihrem iPad die Funktion AirPlay aktivieren und das iPad im gleichen WLAN eingebucht ist wie das Apple TV. Auf eine separate Remotesteuerung Ihrer Apps können Sie dann verzichten, da Sie das iPad in der Hand halten und von jedem beliebigen Punkt im Raum aus direkt bedienen können.

AirPlay können Sie ganz einfach auf Ihrem iPad aktivieren: Drücken Sie, nachdem Apple TV und Ihr iPad im gleichen WLAN eingebucht sind, zweimal den Home-Button (die große Taste auf der Frontseite Ihres iPad). Streichen Sie anschließend von links nach rechts über den unteren Bereich Ihres iPad. Dort, wo sonst nur die Bedienelemente für die Musikwiedergabe erscheinen, finden Sie nun ein neues Symbol, das einem kleinen Fernseher ähnelt. Über dieses Symbol können Sie dann AirPlay aktivieren und deaktivieren.

Benötigte Zusatzgeräte

Allerdings benötigen Sie neben dem Apple TV weitere Zusatzgeräte. Zunächst einmal brauchen Sie ein HDMI-Kabel, denn das Apple TV ist nur für die Verbindung zu HDMI-fähigen Fernsehgeräten oder Beamern gedacht. Das bedeutet ferner, dass Ihr Beamer sowohl über einen HDMI-Eingang verfügen muss als auch über einen Audio Out Ausgang. Nur so können Sie externe Lautsprecher direkt am Beamer anschließen und den über HDMI übertragenen Ton, z. B. von Videos, wiedergeben.

Verfügt Ihr Beamer hingegen, wie derzeit im Business-Bereich noch meist üblich, nur über einen VGA- oder einen digitalen Eingang, so benötigen Sie zusätzlich einen Konverter, der das HDMI-Signal auf VGA oder Digital umsetzt und die Tonspur, die bei HDMI mit übertragen wird, direkt auf einen eigenen Audioausgang schickt. Die externen Lautsprecher zur Tonwiedergabe werden in diesem Fall direkt an diesen Ausgang angeschlossen. Die richtige Verkabelung sehen Sie auf der folgenden Abbildung.

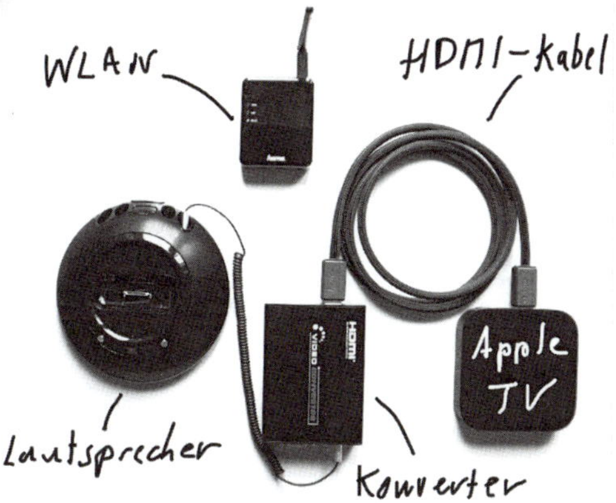

Zubehör für WLAN Präsentationen (Die Grafik wurde im Whiteboard-Modus von 2Screens erzeugt und als Foto abgespeichert)

Schließlich empfehle ich Ihnen, dass Sie sich ein eigenes WLAN einrichten, an das Sie Ihre Geräte anschließen. Mit einem mobilen Hotspot, also einem eigenen WLAN-Empfänger, der mit dem Internet verbunden ist, sind Sie von der Verfügbarkeit externer WLANs unabhängig und sparen sich außerdem die ansonsten jeweils notwendige Konfigurationsarbeit.

Beispiel

In einem iPad-Training habe ich die Einrichtung eines mobilen Hotspots anhand des in der oben stehenden Grafik abgebildeten HAMA-WLAN-Adapters demonstriert. Ein Teilnehmer meinte darauf hin, dass er bei Verwendung des Apple TV zur kabellosen Präsentation sein iPhone ja nicht mehr zur Remotesteuerung benötigen würde und dieses als mobilen Hotspot konfigurieren könne.

> Dies ist natürlich auch eine Möglichkeit. Dazu wählen Sie an Ihrem iPhone die Einstellungen und schalten WLAN ein. Aktivieren Sie anschließend die Option „Persönlicher Hotspot". Wenn Ihr Netzbetreiber diese Funktion mit Ihrem Vertrag unterstützt, steht Ihnen diese ebenfalls in den Einstellungen zur Verfügung.

Jedes der von mir empfohlenen Geräte benötigt Strom. Vergessen Sie nicht, eine simple Mehrfachsteckdose mitzunehmen. So vermeiden Sie kurz vor der Präsentation Panik, weil nicht genügend Stromanschlüsse zur Verfügung stehen.

Schritt für Schritt zur kabellosen Präsentation

1. Installieren Sie Ihren WLAN Hotspot.
2. Schließen Sie Ihr Apple TV an das Stromnetz an und warten Sie, bis es sich mit dem Hotspot verbunden hat..
3. Verbinden Sie nun Ihren Konverter mit dem Apple TV über das HDMI Kabel.
4. Stellen Sie mit dem normalen VGA Kabel die Verbindung zu Ihrem Beamer her und starten Sie diesen. Da Beamer in der Regel beim Hochfahren einen Suchlauf über die möglichen Input-Quellen durchführen, sollte jetzt das Apple TV-Bild auf der Leinwand zu sehen sein.
5. Verbinden Sie nun Ihr iPad mit dem WLAN, indem Sie die WLAN-Verbindung in den Einstellungen des iPad aktivieren.
6. Schalten Sie an Ihrem iPad AirPlay an, indem Sie zweimal auf den Homebutton an Ihrem iPad

drücken und anschließend unten nach rechts wischen. Sie sehen dann das Symbol für AirPlay und können Apple TV und „Synchronisieren" auswählen. Jetzt sollte Ihr iPad-Screen 1:1 auf dem Beamer zu sehen sein.

Um Einstellungen, wie z.B. den Bildschirmschoner, zu konfigurieren, benötigen Sie als Hardware die Remotecontrol von Apple, die mit dem Apple TV geliefert wird. Alternativ können Sie auch die Remote App von Apple auf Ihr iPhone laden und damit das Apple TV steuern.

Remote-Steuerung für Ihr iPad einrichten

Ideal ist es, wie zuvor beschrieben, wenn Sie Ihre Präsentation von jedem Punkt im Raum aus steuern können. Allerdings bedeutet der Einsatz eines Apple TV, dass Sie eine aufwändige und daher auch fehleranfällige Umgebung installieren müssen. Nahezu den gleichen Freiraum beim Präsentieren können Sie sich auch verschaffen, wenn Sie Ihr iPad mit dem Dock Connector am Beamer anschließen und dieses über ihr iPhone oder ein zweites iPad remote steuern. Dazu gibt es zu vielen Apps eine Zusatz-App, wie z.B. 2ScreensRemote oder Remote+, die auf einem zweiten iPad oder iPhone installiert wird und mit dem Präsentations-iPad gekoppelt die Steuerung desselbigen übernimmt. Allerdings sollten Sie hier bei der Auswahl der App darauf achten, dass die Remote-Bedienung über Bluetooth stattfindet und nicht über WLAN: Bluetooth bietet das stabilere Signal und damit eine höhere Verlässlichkeit als WLAN.

Generell funktioniert die Koppelung dann so, dass auf dem Präsentationsgerät Bluetooth aktiviert und die Präsentationssoftware gestartet wird. Anschließend geschieht das gleiche auf dem Remote-Gerät. Dort erscheint im Normalfall sofort die Abfrage, mit welchem Gerät gekoppelt werden soll. Hier wird dann das gewünschte iPad ausgewählt, und schon übernimmt das Remote-Gerät die Steuerung der aktiven Präsentation. Bitte beachten Sie, dass die unmittelbare Koppelung in der jeweiligen App stattfindet und nicht wie bei einem Kopfhörer in den Bluetooth-Einstellungen von iPad oder iPhone. Dort aktivieren Sie Bluetooth lediglich, um generell eine Verbindung zu bluetoothfähigen Geräten zu ermöglichen.

Sobald die Verbindung einmal gestartet ist, empfehle ich Ihnen, die Präsentationssoftware weder auf dem Präsentationsgerät noch auf dem Remote-Gerät zu verlassen. Anderenfalls laufen Sie Gefahr, dass die Verbindung verloren geht.

Schritt für Schritt: Verbinden des iPad mit dem iPhone als Remote Control (am Beispiel der App 2Screens)

1. Tippen Sie am iPad auf Einstellungen.
2. Tippen Sie „Allgemein" an.
3. Tippen Sie „Bluetooth" an.
4. Aktivieren Sie „Bluetooth" über den Schieberegler.

5 Drücken Sie am iPad den Home-Button.

6 Wiederholen Sie die Schritte 1 bis 5 an Ihrem iPhone.

7 Aktivieren Sie an Ihrem iPad in 2Screens unter Tools die Funktion Remote Control.

8 Starten Sie auf Ihrem iPhone 2ScreensRemote.

9 Bestätigen Sie die Verbindung, sobald Ihnen am iPad Ihr iPhone angezeigt wird, indem Sie auf den Namen Ihres iPhone tippen.

Präsentationsfalle: Bildschirmsperre

Möglicherweise haben Sie bereits Erfahrung mit Präsentationen über ein Notebook. Vielleicht ist es Ihnen da auch schon einmal passiert, dass sich bei einer längeren Zwischenfrage plötzlich der Bildschirmschoner eingeschaltet hat. Ähnliches kann Ihnen auch bei Präsentationen mit dem iPad passieren. Dort schaltet sich je nach Einstellung bei vielen Apps nach 1 bis 5 Minuten die Bildschirmsperre ein. Dies lässt sich in der aktuellen iOS-Version auch nicht deaktivieren, wenn Sie auf ein Exchange-Konto für Ihre E-Mails zugreifen. Meiner Erfahrung nach ist das ein echtes Manko bei Präsentationen, insbesondere bei ferngesteuerten, weil die Verbindung dann erst wieder ganz neu aufgesetzt werden muss.

Einige Apps wie z.B. 2Screens deaktivieren die Bildschirmsperre, so dass Sie im Regelfall auch längere Pausen im Fortgang der Präsentation ohne Probleme überbrücken können. Daher sollten Sie bei der App Ihrer Wahl überprüfen, ob diese den Sperrbildschirm deaktiviert oder nicht.

So halten Sie Ihr iPad sicher

Mit der technischen Installation haben Sie die Voraussetzungen geschaffen, um optimal zu präsentieren. Zur optimalen Präsentation gehört es jedoch auch, die Handhabung des Geräts selber richtig im Griff zu haben. Wenn Sie Vergleichstests in der Presse verfolgen, dann wird als ein Nachteil des iPads gegenüber einem Kindle-Reader immer das höhere Gewicht angeführt, welches sich beim Lesen nach einer gewissen Zeit bemerkbar macht. Dieses Gewicht werden Sie auch beim Vortrag nach einiger Zeit spüren. Gegenüber einem Block mit Notizen ist das iPad einfach schwer.

Die richtige iPad-Haltung

Ich empfehle Ihnen daher, dass Sie das iPad beim Vortrag in diejenige Hand nehmen, mit der Sie in aller Regel weniger gestikulieren. Dabei greifen Sie so um das iPad, dass die Rückseite auf Ihrem angewinkelten Unterarm zu liegen kommt. Mit dem anderen Arm können Sie dann frei gestikulieren und notwendige Wischbewegungen und Fingertipps ausführen, um Slides weiterzuschalten oder Videos zu starten.

> Für längere Vorträge ist es empfehlenswert, eine Ablage für das iPad auf der Bühne zu haben. Ein kleines Rednerpult ist hier optimal geeignet. Damit können Sie vorübergehend Ihren tragenden Arm entlasten.
>
> Ich empfehle Ihnen, diese Entlastungsphasen immer dann einzuplanen, wenn Sie sicher für längere Zeit keine Aktion am iPad vornehmen müssen.

Das optimale Cover

Da das iPad derzeit durchaus noch eine Art Statussymbol ist, machen viele Besitzer um die Auswahl ihres Covers einen richtigen Kult. Das Angebot ist auch entsprechend groß: Vom simplen Kunststoff-Cover bis hin zum feinen Leder Portfolio ist alles zu bekommen.

Ich empfehle Ihnen folgende Lösung: Verwenden Sie das Apple Smartcover oder ein Produkt mit vergleichbarer Funktionalität eines Drittanbieters.

- Hintergrund für meine Empfehlung ist vor allem das Gewicht. Wie beschrieben, wird das iPad bei der Präsentation in der Hand gehalten schwer. Jedes Gramm Gewicht, das Sie reduzieren können, ist daher hilfreich. Dank der magnetischen Befestigung des Smartcovers ist dieses schnell entfernt und genauso schnell wieder montiert. Sie sparen damit deutlich an Gewicht.

- Ferner können Sie das Smartcover auch gut so falten, dass Sie es als stabilen Stand für Videoaufzeichnungen verwenden können.
- Und nicht zuletzt lässt es sich – im Querformat aufgestellt – ideal verwenden, wenn Sie Ihrem Gesprächspartner auf Ihrem iPad einige Slides zeigen wollen.

> Damit Sie Ihr iPad auch über längere Zeit sicher in der Hand halten können, empfehle ich Ihnen, sich eine Handschlaufe, wie z. B. HeloStrap, zuzulegen. Damit sichern Sie Ihr iPad einerseits dagegen, dass es Ihnen versehentlich aus der Hand rutscht, andererseits können Sie Ihren Arm bei einem längeren Vortrag auch einfach einmal herunter nehmen und somit entlasten.

So setzen Sie das iPad in Gesprächen richtig ein

In Gesprächen ist es wichtig, dass Sie genau wissen, wie Sie das iPad so platzieren, dass sowohl Ihr Gesprächspartner als auch Sie Zugriff auf das Display haben. Dabei ist es von zentraler Bedeutung, dass Sie den Blickkontakt mit Ihrem Gesprächspartner halten. In der Vergangenheit war es aus diesem Grunde oft kritisch, wenn in einem Gespräch ein Notebook eingesetzt wurde. Zu trennend war der Bildschirm zwischen den Beteiligten.

Die richtige Platzierung

Das iPad hingegen können Sie einsetzen wie eine Broschüre: Bei der Verwendung von PDF-Dokumenten im Hochformat legen Sie es einfach flach auf dem Tisch und drehen es so, dass Ihr Gesprächspartner es gut sehen kann.

Wenn Sie Slides oder Videos zeigen, werden Sie in der Regel im Querformat arbeiten. Hier empfiehlt es sich, das gefaltete Smartcover als Stütze zu nehmen. So können Sie das iPad im optimalen Blickwinkel für Ihren Gesprächspartner platzieren.

Damit Sie selber ebenfalls einen guten Blick auf den Bildschirm haben und auch weiterblättern können, sollten Sie sich mit Ihrem Gesprächspartner über Eck setzen. Somit können Sie jederzeit auf das iPad zugreifen.

- Als Rechtshänder setzen Sie sich auf die rechte Seite Ihres Gesprächspartners. Damit bleiben Sie möglichst weit von ihm weg, wenn Sie selber mit der rechten Hand am iPad arbeiten, das auf dem Tisch liegt.
- Als Linkshänder setzen Sie sich auf die linke Seite. Somit respektieren Sie die Intimdistanz Ihres Gesprächspartners (in Deutschland sind das ca. 20 bis 60 cm), soweit wie dies bei Einsatz eines Mediums möglich ist.

iPad-Inhalte auf das Gespräch vorbereiten

Bevor Sie beginnen, mit dem iPad bei einem Gesprächspartner zu arbeiten, sollten Sie alle Anwendungen, die Sie benötigen, starten und dort die richtigen Dokumente öffnen. So bietet z. B. der GoodReader die Möglichkeit, gleichzeitig mehrere

Dokumente in einzelnen Tabs zu öffnen, so dass Sie bequem von einer Broschüre zur nächsten springen können. Zwischen geöffneten Apps wechseln Sie, indem Sie den Home Button am iPad zweimal drücken und dann die gewünschte App in der erscheinenden Leiste öffnen. Besonders souverän wirkt es, wenn Sie für Ihre Gesprächspräsentation 2Screens einsetzen und Ihr iPad mit 2Screens Remote fernsteuern. Damit können Sie in einer optimalen Distanz zu Ihrem Gesprächspartner Platz nehmen und haben dennoch den vollen Zugriff auf Ihr vorbereitetes iPad.

Auf einen Blick: Präsentieren ohne Pannen

- Das iPad kann mit und ohne Kabel an den Beamer angeschlossen werden. In beiden Varianten wird Zubehör, wie z.B. das Apple TV benötigt.
- Auch eine Remote-Steuerung für das iPad kann auf mehrere Arten installiert werden, z.B. über das Apple TV oder über das iPhone.
- Während des Vortrags sollte die Bildschirmsperre des iPad deaktiviert werden. Das ist nicht in allen Apps möglich.
- Nicht nur in Vorträgen, sondern auch in Gesprächen sollte das iPad vorbereitet werden, so z.B. richtig platziert werden.

Stichwortverzeichnis

Impressum

Bibliografische Information der Deutschen Nationalbibliothek
Die Deutsche Nationalbibliothek verzeichnet diese Publikation in der Deutschen Nationalbibliografie; detaillierte bibliografische Daten sind im Internet über http://www.d-nb.de abrufbar.

Print: ISBN: 978-3-648-03553-5 Bestell-Nr.: 01352-0001
ePub: ISBN: 978-3-648-03554-2 Bestell-Nr.: 01352-0100
ePDF: ISBN: 978-3-648-03555-9 Bestell-Nr.: 01352-0150

Peter Flume
Präsentieren mit iPad & Co.
1. Auflage 2013, Freiburg

Redaktionsanschrift: Fraunhoferstraße 5, 82152 Planegg/München
Telefon: (089) 895 17-0
Telefax: (089) 895 17-290
Internet: www.haufe.de
E-Mail: online@haufe.de
Redaktion: Jürgen Fischer

Konzeption, Realisation und Lektorat: Nicole Jähnichen, 81247 München
Satz: Beltz Bad Langensalza GmbH, 99947 Bad Langensalza
Umschlag: Kienle gestaltet, Stuttgart
Druck: freiburger graphische betriebe, 79108 Freiburg

Der Autor

Peter Flume

ist seit 1989 selbstständiger Rhetorik-, Kommunikations- und Führungskräftetrainer und bekannt für seine kreativen und praxisorientierten Seminare. Als erster Trainer in Deutschland führte er bereits PowerPoint-Präsentationsseminare durch, als diese Technik noch in den Kinderschuhen steckte. Technikbegeisterung auf der einen Seite und die Notwendigkeit, von ihm moderierte interaktive Lerntheaterveranstaltungen mit Präsentationsinhalten zu kombinieren, brachten ihn dazu, sich mit dem iPad als Präsentationsgerät zu beschäftigen. Peter Flume ist Autor zahlreicher Bücher zu den Themen Rhetorik, Präsentation, Gesprächsführung und Unternehmenstheater.

Kontakt: RhetoFlu – Peter Flume, Neckartailfinger Str. 1,
72622 Nürtingen
www.rhetoflu.com

Weitere Literatur

„Vorträge und Präsentationen" , von Peter Flume, 168 Seiten, mit CD-ROM, EUR 18,80, ISBN 978-3-448-09520-3, Bestell-Nr. 00209

„Präsentieren mit Power Point", von Rainer Weiss, 128 Seiten, mit CD-ROM, EUR 9,90, ISBN 978-3-448-10182-9, Bestell-Nr. 00971

Haufe TaschenGuides

Kompakte Informationen zum kleinen Preis